꽃 떨어진 동산에서 호미와 괭이를 들자

# 꽃 펴어진 동산에서 호미와 괭이를 들자

이돈해 지음

일제감시대상인물카드에 남은
보통 사람들의 독립운동

**일러두기**

- 이 책에 실은 일제감시대상인물카드는 모두 국사편찬위원회가 소장한 것으로, 출처는 웹사이트 〈한국사데이터베이스〉의 '일제감시대상인물카드(https://db.history.go.kr/modern/ia/level.do)'이다.
- 본문에 기재된 인물의 생몰년과 죄명과 형명, 형의 기간·언도일·입소일·출소일 등은 해당 인물의 일제감시대상인물카드, 판결문을 기준으로 했으며, 아울러 관련 연구 또는 독립유공자 공적조서가 있으면 함께 활용했다. 자료 간 정보가 불일치할 때는 ①독립유공자 공적조서 ②관련 연구 ③판결문 ④일제감시대상인물카드 순으로 우선했음을 밝힌다.
- 도판 캡션은 일제감시대상인물카드의 기재 내용을 따랐다. 따라서 본문에서 다루는 시기나 사건의 내용과 다를 수 있다.
- 내용을 전반적으로 참고한 자료는 본문에 별도의 주석을 달지 않고 '참고문헌'에 기재했고, 세부 내용을 인용한 자료는 본문에 주석을 달고 '본문의 주'에 기재했다.
- 외국 인명 및 지명은 국립국어원 외래어 표기법에 따라 표기했다. 단, 간도/만주 지역명과 일제시기 행정구역명, 창씨개명의 강요로 일본식으로 바꾼 조선인의 이름은 한자 음을 그대로 표기했다.
- 각 글 표제지의 발문은 대체로 해당 인물의 발언이나 글에서 따왔으나, 일부는 인물의 행적을 토대로 지어 썼다.

1965년 3월 2일, 내무부 치안국 감식계 창고에서 사진 한 장이 발견된다. 바로 유관순의 수감 시절 사진이었다. 우리가 유관순 하면 떠올리는 그 사진이다. 그때까지 알려진 유관순 사진은 3·1운동 이전 이화학당 재학 중 찍은 한 장이 다였다(《동아일보》 1965년 3월 26일, 〈유관순 양 사진 치안국서 발견〉). 1987년에는 도산 안창호의 뜻을 잇는 단체인 흥사단에서 안창호의 수감 시절 사진을 공개했다. 치안본부에서 보관하던 자료 속에서 건져 낸 사진이었다(《동아일보》 1987년 5월 19일, 〈도산 옥중사진 발견〉).

    이 사진들의 출처는 일제시기에 제작된 6,000여 장의 카드 뭉치였다. 그 카드들에는 수형자, 수배자, 감시 대상자의 정보가 인물 사진과 함께 담겼는데, 일제는 이를 활용해 독립운동가를 탄압하고 잡아들였다. 카드 뭉치는 1945년 해방 후 한국 경찰에 넘겨져 보관됐다. 유관순이나 안창호 같은 유명 독립운동가의 사진을 찾을 때면 반짝 주목받았으나 그뿐이었다. 그러던 게 1980년대 말, 국사편찬위원회로 이관되며 빛을 본다. 6,264장 카드의 역사적 가치를 뒤늦게나마 알아본 덕분이었다. 국사편찬위원회는 여기에 '일제감시대상인물카드'라는 이름을 붙였다. 카드가 여러 장 제작된 인물들도 있어, 이를 정리하면 카드에 담긴 인물 수는 4,837명으로 집계된다. 여기서 단순범 18명을 제외한 모두가 독립운동 관련자다.

가로 15센티미터, 세로 10센티미터의 한 뼘 안에 들어올 작은 카드지만 그 한 장 한 장이 전하는 울림은 적지 않다. 가령 안창호의 1925년 카드와 1937년 카드를 비교해 보면 같은 사람으로 볼 수 없을 정도로 수척해진 모습이 확연한데, 그의 12년을 감히 상상하게 된다. 아울러 이 카드들로 우리가 이름을 기억하는 몇몇 독립운동가 외에 4,000명 이상의 아주 보통의, 평범한 독립운동가의 생김새를 알게 됐다는 사실도 주목할 필요가 있다.

이 수많은 카드를 살피다 보니, 내가 만약 식민지 조선의 치안 책임자였다면 정말 괴로웠을 거라는 생각이 들었다. 어떤 대책을 가져다 써도 조선 독립을 외치는 목소리가 끊임없이 불쑥불쑥 터져 나왔기 때문이다. 식민지 통치 기간, 한반도에선 글자 그대로 '쉼 없이' 독립운동이 펼쳐졌.

일각에선 식민지 조선이 점점 근대화되어 간 양상을 부각하며, 한반도에 거주한 다수의 조선인은 일제의 식민 통치에 순응했다고 말한다. 그러나 이 말을 이 책에서 소개하는 분들의 영령이 듣는다면 코웃음 칠 거라 확신한다. 제도가 개선되고 생활 수준이 나아지는 것보다 더 중요한 문제가 있었으니, 바로 통제받는 식민지인으로 산다는 점이었다.

먼저 우리와 다른 언어를 사용하는, 구별된 정체성을 가진 집단으로부터 지배받는다는 사실을 납득하기 어려웠고, 조선인 정체성을 일본인 정체성에 강제로 합치려는 시도를 견디기 버거웠고, 그토록 조선과 일본은 하나라면서도 매 일상에서 행해지는 차별에 분노했고, 조선인의 진로를 결정하는 문제에 조선인이 참여할 수 없도록 한 점이 괴로웠고, 일제의 전쟁에 조선을 끌고 들어가는 상황이 힘겨웠다.

이건 단순히 잘 살고 말고의 문제가 아니었다. 식민지의 삶에서 불의를 느낀 사람들은 각자 역량껏 독립운동을 실천했다. 나이가 적든 많든, 어떤 시기든 상관없이 이런 사람들은 식민지 곳곳에서 튀어나왔다. 그리고 그들의 작은 외침들은 켜켜이 쌓여 독립의 밑거름이 된다.

이 책은 일제감시대상인물카드를 가장 기초 자료로 삼았다. 그저 글로써 한 인물을 다루기보다, 그의 눈빛이 말하는 바 또한 같이 들어 보길 바랐다. 그리고 다음과 같은 기준 아래 40명을 선정했다.

첫째, 인물과 관계된 사건을 자세히 확인할 수 있는 자료가 있어야 했다. 카드에는 주소나 법 위반 사항, 수감시설, 형량 정도의 정보만 적혀 있기에, 이것만 가지고는 인물의 자세한 이야기를 알기 어려웠다. 그래서 판결문이나 수사 기록, 신문 기사, 관련 연구 등의 자료 여부를 살폈다.

둘째, 되도록 잘 알려지지 않은 인물을 택했다. 저명한 독립운동가의 카드도 다수 존재하지만, 여기선 지금껏 제대로 조명받지 못한 인물들, 비록 실패했더라도 작게나마 독립운동을 실천하려 했던 사람들의 이야기를 알리는 데 초점을 뒀다.

셋째, 국내에서 발생한 독립운동과 연결되어야 했다. 카드에는 만주 등 해외에서 일어난 사건과 관계된 인물 카드도 적지 않다. 하지만 여기선 조선총독부의 손길이 직접 미치는 공간에서 발생한 독립운동과 관계 있는 인물을 우선했다.

넷째, 독립운동의 연속성이 보일 수 있게 연도마다 최소 1명 이상씩 배치했다. 몇 장을 제외하곤 1919년부터 카드 작성이 시작되므로, 1919년부터 1943년까지 이어지도록 했다. 아쉽게도 1944~1945년 시기에서 위 기준에 모두 충족하는 인물은 찾지 못했다. 그렇다고 이 시기를 국내 독립운동의 공백기로 이해해선 안 된다. 1944년 4월 경상남도 통영에서 친구들과 독립을 논의하다가 체포된 남옥현, 전라북도 순창의 학생비밀결사 '화령회'에 참여했다가 1945년 3월 퇴학당한 서규선 등의 사례처럼, 일제 패망 직전까지도 무명인들의 독립운동은 계속됐다.

이 책을 펴내는 올해는 광복 80주년을 맞이한 해다. 이제 일제시기를 직접 살고 그 시대를 기억하는 이들은 거의 사라졌다. 반대로 보면, 오늘날의 대부분 사람은 '나라 잃은 설움'이 뭘 뜻하는지 잘 모른다는 의미기도 하다. 혹시나 그게 궁금해 이 책을 집는다면, 제 몸 먹고살기에도 빠듯한 그들이 무엇에 분노했는지, 그 분노가 어떻게 독립운동으로 표출됐는지 살펴보길 바란다. 더해서, 거창하고 치밀해야만 독립운동이 아니며, 평범한 누구라도 독립운동의 주인공이 될 수 있단 사실도 알길 기대한다.

많은 도움에 힘입어 책이 완성됐다. 작업의 단초를 마련해 주신 김정인 교수님, 볼품없는 원고를 책으로 만들어 주신 최인영 편집자님, 부족한 일본어 해석에 보탬을 주신 최은진 교수님, 김민성 선생님, 김경준 선생님께 감사드린다.

2025년 광복절을 앞두고<br>
이동해

책을 펴내며 5

1919 **신동윤**
3등 대합실에 울린 만세 소리 16

1919 **이시종**
지하신문을 들고 독립을 외치다 22

1919 **한범우**
원주 군수를 질책한 열여덟 소년 28

1920 **이수희**
배화학당의 앳된 독립운동가들 34

1920 **오용진**
무관심에도 굴하지 않은 만세 계획 40

1921 **황웅도**
고성 청년의 마음을 하나로 모으다 46

1921 **권익수**
봉축회에 불참할 것을 강권하다 52

| 1922 | **유진희** |
|---|---|
| | 조선의 독립은 무산자의 손으로 58 |

| 1923 | **황돈** |
|---|---|
| | 총 든 강도가 된 혁명가 64 |

| 1924 | **송병천** |
|---|---|
| | 원산에 나붙은 3·1운동 기념 격문 70 |

| 1925 | **김창준** |
|---|---|
| | 종로 거리에서 무산자의 세를 과시하다 76 |

| 1926 | **김기환** |
|---|---|
| | 3·1운동 7주년 기념을 선포하다 82 |

| 1926 | **홍종현** |
|---|---|
| | 6·10만세운동의 숨은 주역 88 |

| 1927 | **임혁근** |
|---|---|
| | 신간회 익산지회 설립 작전 94 |

| 1928 | **정동화** |
|---|---|
| | 식민지 노예 교육에 맹휴로 항거하다　100 |

1928　**이도원**
　　　천황 사진을 빨갛게 칠하다　106

1929　**최국봉**
　　　시정 고발 연극을 상연하다　112

1930　**임종만**
　　　당진 학생들이여, 만세를 부르자　118

1930　**최용복**
　　　대한 소년들의 사명을 가르치다　124

1930　**권영주**
　　　현실에 부딪힌 혁명 전사　130

1931　**서진**
　　　신사회 건설을 위한 삼총사의 도전　136

| | | |
|---|---|---|
| 1932 | **최익한** | |
| | 죄수 호송 작전을 실패로 만들다 142 | |
| 1933 | **이효정** | |
| | 노동운동의 선두에 선 문학 소녀 148 | |
| 1934 | **안천수** | |
| | 잡지를 읽고 각성한 시골 농민 154 | |
| 1935 | **송창섭** | |
| | 편지에 담겨 퍼진 독립의 말들 160 | |
| 1936 | **이흥채** | |
| | 민족개조론으로 독립을 상상하다 166 | |
| 1936 | **김종희** | |
| | 문예운동에 뛰어든 열혈 청년 172 | |
| 1937 | **함용환** | |
| | 총독부를 겨냥한 삼도교의 대담한 계획 178 | |

| 1937 | **박재만** |
| --- | --- |
| | 강원 산골의 독립 인재 양성 프로젝트  184 |
| 1938 | **양준규** |
| | 일본의 패전을 입에 올리다  190 |
| 1938 | **홍순창** |
| | 식민사관을 반박한 소학교 교사  196 |
| 1939 | **최영순** |
| | 불온 낙서를 남긴 엘리베이터 보이  202 |
| 1940 | **이제국** |
| | 한낱 도둑에서 독립운동가로  208 |
| 1940 | **박기평** |
| | 중국발 소식이 안겨준 독립의 희망  214 |
| 1940 | **정재철** |
| | 사기꾼에게 건넨 독립운동 자금  220 |

| 1941 | **도영학** |
|---|---|
| | 황국신민화로 좌절된 참교사의 꿈 226 |

| 1941 | **현금렬** |
|---|---|
| | 게다 신고 근로보국에 나선 새댁 232 |

| 1941 | **김철용** |
|---|---|
| | 축구부로 위장한 학생 비밀결사 238 |

| 1942 | **이삼철** |
|---|---|
| | 조선인이기에 조선말을 쓰다 244 |

| 1943 | **김명화** |
|---|---|
| | 백제의 옛터에서 제국주의를 보다 250 |

본문의 주 256

참고문헌 272

### 3등 대합실에 울린 만세 소리
# 신동윤

申東潤

1884. 9. 25~?

## 여러분은
## 고향에 돌아가면
## 한국 독립 만세를
## 절규하라!

촬영 시기 및 장소 미상

보안법 위반 | 징역 1년 6개월
1919년 4월 28일 언도 | 1919년 5월 22일
서대문감옥 입소 | 1920년 4월 28일 사면

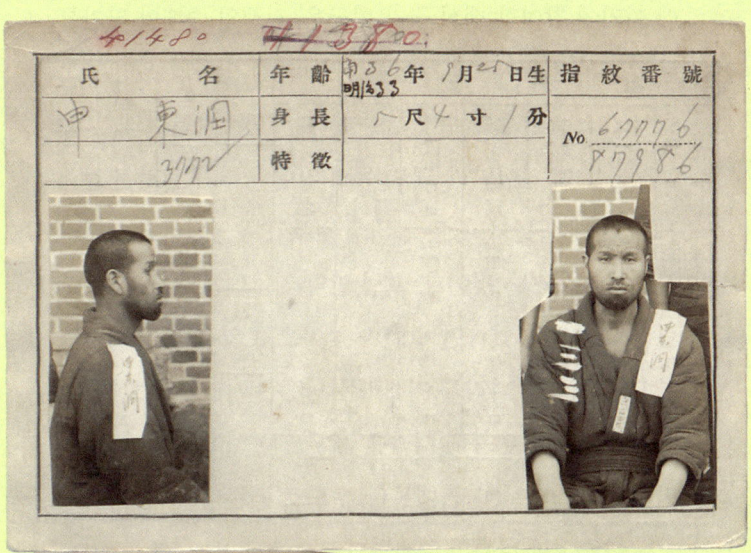

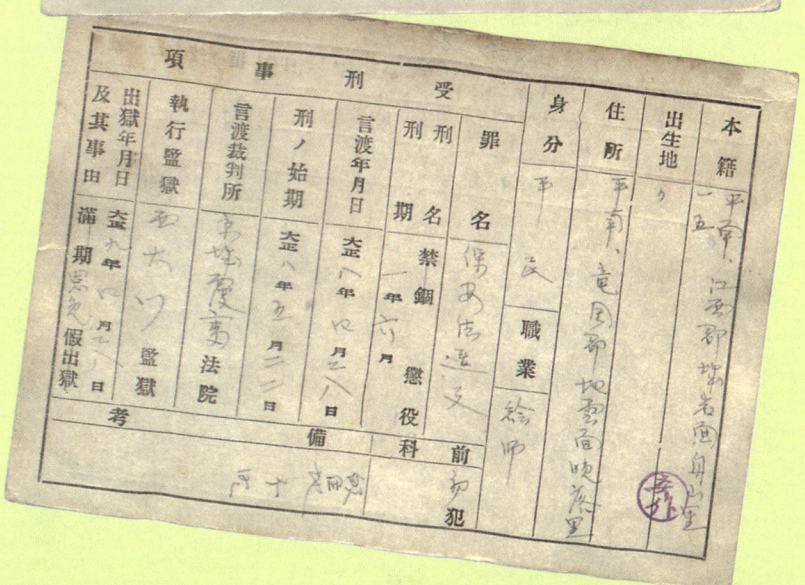

1918년 말, 제1차 세계대전이 끝났다. 패전국을 어떻게 처리할지, 앞으로 무슨 수로 평화를 유지할지 논의가 필요했고 세계열강은 파리에 모여 강화회의를 개최했다. 그런데 여기에 참여할 핵심 국가 미국은, 전쟁의 승패가 판가름 날 무렵부터 흥미로운 주장을 해왔다. 한 민족의 운명은 그들이 스스로 결정할 수 있어야 한다는 '민족자결주의'였다.

전쟁은 왜 일어날까, 국민 동의 없이 정부가 혼자 결정해서 그런 게 아닐까. 국민 동의로 정부가 운영된다면 전쟁을 시작하긴 어려울 것이다. 그럼 만약 지구에 국민 동의로 수립된 나라들만 있다면 평화가 찾아오지 않을까. 그러려면 한 나라가 다른 나라를 지배하는 양상은 사라져야 한다. 각 민족의 의견을 존중해 나라를 세우도록 해야 한다. 이처럼 민족자결주의는 미국 대통령 우드로 윌슨이 인류 평화의 방법을 숙고한 나름의 결과였다.[1]

이러한 미국의 의중은 1918년 11월 상하이를 방문한 미국 특사 찰스 크레인(Charles R. Crane)을 통해 한국인에게도 전달되었다. 그를 방문한 여운형에게 파리강화회의에 대표를 파견하고, 국내외에서 독립 의사를 표시한다면 조선 독립에 도움이 되지 않겠느냐고 조언한 것이다. 여운형은 동지들과 신한청년당을 결성하고, 김규식에게 파리에 대표로 가 달라고 부탁했다. 더불어 재일 유학생들과 접촉해 1919년 2월 8일 독립선언이 이뤄졌으며, 국내에도 긴

밀한 연락을 취해 천도교, 기독교, 불교, 학생 중심의 만세 시위 운동 지도부가 꾸려졌다. 그리고 1919년 3월 1일, 고종의 죽음을 계기로 장례 참여 인파가 서울로 몰려든 이때, 거센 파도와 같은 함성이 터져 나왔다.[2]

그로부터 시간이 조금 지난 1919년 3월 17일, 한 남자가 남대문역에 들어섰다. 1922년 경성역 공사가 시작되기 전까지 그곳엔 남대문역이 위치했다.[3] 오늘날 서울역 자리다. 경성역이 세워지기 전에도 남대문역은 서울의 관문으로 기능했고 늘 사람이 북적였다. 1919년 3월 1일부터 고종 장례식이 있던 3월 3일까지 시기엔 하루에 1만 명 넘게, 많게는 2만 5,000명이 넘는 인파가 남대문역을 거쳐 갔다.[4] 남자가 들어선 3등 대합실에는, 유관순처럼 학교에 휴교령이 내려져 고향으로 내려갈 기차를 기다리는 학생들도 많았으리라.

그의 이름은 신동윤. 평안남도 강서군 성암면 주산리에서 태어났고, 당시엔 평안남도 용강군 지운면 만하리에 살고 있었다. 36세의 천도교 신자로, 회사(繪師) 즉 그림을 그려 먹고사는 화가였다. 천도교 교주 손병희가 참여한 33인의 조선 독립선언 소식을 접한 그는 3월 3일 개성 만세 시위에도 참여했다. 판결문을 보면, 3월 3일경 신동윤이 군중과 함께 한국 독립 만세라 외치며 헌병분대와 경찰서로 몰려가 정치에 관한 불온한 언동을 했다는데, 일제 측 보고서엔 같은 날 개성에서 만세 시위를 벌이던 호수돈여학교 학생들이 경찰에 연행되자 군중 1,000여 명이 경찰서로 함께 몰려간 일이 실제로 있었고, 일몰 후에도 약 2,000명이 경찰서와 파출소에 가서 돌을 던져 유리창이 깨진 일이 있었다고 적었다.[5] 신동윤은 3월 3일 개성 만세 시위에 참여한, 이름 모를 군중 속 한 사람이었다.

그렇게 독립을 외쳤건만 조선총독부는 건재했고 조선 독립은 요원해 보였다. 신동윤은 이렇게 그치면 안 된다고 생각했다. 서울, 개성 같은 커다란 도시뿐 아니라 저 멀리 시골에서도 독립을 부르짖는 목소리가 이어져야 무언가 변화를 불러일으킬 거라 보았다. 신동윤이 이날 남대문역을 간 게 계획적인 건지, 일정상 우연이었는지는 모르겠지만 이런 고민을 품고 있던 건 분명했다. 1919년 3월 17일, 신동윤은 남대문역 3등 대합실의 사람들을 향해 이렇게 소리쳤다.

**여러분은 고향에 돌아가면 한국 독립 만세를 절규하라! 각 지방에서 독립운동을 하는 자가 없다면 한국의 독립은 기약할 수 없다!**

신동윤의 목소리가 울리자, 사람들의 이목이 집중되고 곧 경찰이 달려들었다. 3월 1일부터 계속된 독립 만세 소동에 잔뜩 긴장한 경찰은 재빨리 대응했다. 그럼에도 신동윤은 거칠게 저항하며 외침을 멈추지 않았다. 체포되는 순간까지도 '한국 독립 만세'를 절절히 부르짖었다고 한다.

이 일로 신동윤은 보안법 위반으로 징역 *1년 6개월*을 선고받고, *1919년 5월 22일*부터 *1920년 4월 28일* 사면되기까지 서대문감옥에서 옥고를 치렀다.

## 지하신문을 들고 독립을 외치다
# 이시종

李時鍾

1900. 6. 11~?

일본의 조선 점령은
민중 의사와 상관없이
역적이 나라를
넘긴 때문이다.

촬영 시기 및 장소 미상

보안법 위반 | 징역 1년 |
1919년 7월 26일 언도 | 1919년 10월 8일
서대문감옥 입소 | 1920년 4월 28일 사면

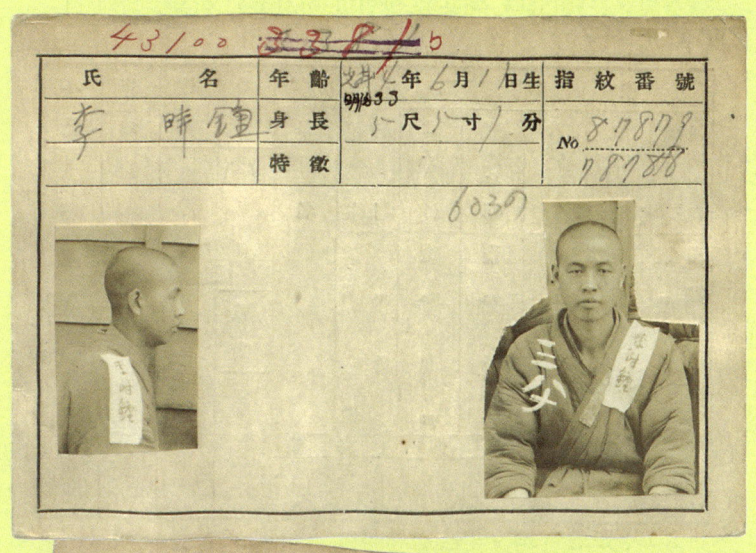

1919년 3월 25일, 경기도 광주군 대왕면 수서리에 사는 19세 농사꾼 이시종이 지인 이윤종의 집을 찾았다. 이때 방안 책상 위에 놓인 종이가 이시종의 눈에 밟혔다. 《조선독립신문》이었다. 내용을 확인한 이시종은 이윤종에게 신문 좀 빌릴 수 없겠느냐고 물었고, 이윤종은 수락했다.

《조선독립신문》은 3·1운동이 시작되고 맨 먼저 뿌려진 지하신문이다. 3월 1일 제1호 배포를 시작으로 4월 말 제27호까지 제작이 이어졌다. 적게는 수백, 많게는 1만 부가 인쇄되었다. 신문을 창간한 천도교 측 인사가 체포된 뒤에도 계속해서 후임자가 나타나 발간을 지속했다. 천도교월보 편집원 이종린이 체포되며 넘긴 바통을 서적조합 서기 장종건이 이어받고, 그다음엔 배재고등보통학교(배재고보) 교사 강매, 그다음엔 배재고보 3학년 장용하, 그다음엔 보성고등보통학교 4학년 장채극이 등장해 바통을 이어받는 식이었다.[1] 총독부의 강력한 언론통제로 3·1운동이 어떻게 전개되는지 제대로 알릴 매체가 없는 상황에서 비밀리에 발간된 이 신문은, 조선 독립을 갈망하는 이들의 주요 소식통이 되었다.

판결문에 따르면, 이시종이 빌려 간 신문엔 '장래 조선은 독립해야 한다'는 내용이 12항목으로 기재되었다고 한다. 그렇다면 이시종이 빌렸다는 신문은 1919년 3월 15일에 발행된 《조선독립신문》 제6호다. 내용은 중국 베이징에서 발행된 어느 영자 신문 기사를 옮긴 것으로, 조선독립단 대표가 파리에 잘 도착해 원만한 활동을 하고 있다고 전하며, 조선이 독립해야 하는 당위성을 여러 국제관계에 근거해 12항목으로 설명했다.[2] 장종건이 작성한 것으로 약 900부가 인쇄되었다는데,[3] 그중 하나가 이윤종의 집에 있었고 마침 그를 방문한 이시종의 눈에 띈 것이다.

다음 날 3월 26일, 이시종은 오후 3시부터 6시경까지 인근 중대면 송파리 만세 시위에 참여했다. 300명이 넘는 격분한 인파가 면사무소 유리창을 깨고 헌병주재소에 들어가려다 제지당했다.[4] 이시종은 그 현장에서 무리를 따라 만세를 외쳤다. 오후 7시경 자신의 동네로 돌아온 그는 수서리에서도 만세 시위를 일으켜야겠다고 마음먹었다. 송파리에서 울린 독립의 열망을 그대로 이어갈 심산이었다.

날은 벌써 저물고 있었지만, 이시종의 만세 외침에 마을 주민들도 호응했다. 이시종을 선두로 20여 명이 마을 안을 돌아다니며 만세를 불렀다. 금세 100여 명으로 불어난 시위대는 면사무소로 향했다. 무리 중 이재순이란 사람이 이미 밤이라 면사무소에 가도 사람이 없을 테니 차라리 면장 집으로 가자고 했으나, 대세는 면사무소였다. 이시종은 면사무소에 도착해 일동과 약 20분간 독립 만세를 부른 뒤, 어두컴컴한 밤이 됐기에 사무실 램프에 불을 붙이고 이윤종에게서 빌린 《조선독립신문》을 낭독했다.

1. 일본이 조선을 합병한 것에 대해서 원래 영국과 미국 등 각국이 공인하지 않았음.
2. 1895년 청일전쟁 시모노세키조약에서 조선의 독립을 분명하게 선언하여 널리 알린 바 있음.
3. 1904년 러일전쟁의 목적은 조선을 완전한 독립국으로 인정하는 것이었음.
4. 1882년 한미조약에 규정된 조선 독립은 아직 무효가 된 것이 아님.

...

8. 연합국 가운데 프랑스가 튀르키예와 독일의 영토를 자유롭게 해 주는 것과 같이 일본도 조선을 자유롭게 해 주는 것이 공평한 일임.
9. 벨기에와 체코 등 소수 민족을 독립시켜 준다면 1882년 체결된 한미조약에 따라 조선의 독립도 인정하여야 할 것임.

    대한제국을 둘러싼 국제 사건과 조약, 제1차 세계대전의 전후 처리 과정 등의 사실을 논거로 들어, 우리의 외침이 얼마나 정당한지를 강조했다. 아무리 시골일지라도, 당시 사람들이 그냥 몰려다니며 만세를 불렀던 게 아니라, 상당히 높은 수준으로 국제 상황을 인식하면서 만세 시위를 벌였음을 보여 주는 대목이라 하겠다.

아울러 일본의 조선 점령은 민중 의사와 상관없이 역적이 나라를 넘긴 때문이며, 장구한 역사를 가진 조선 민족을 아무리 동화하려 해도 그건 애당초 불가능하다고 설파했다. 다만 신문이 국한문혼용체이다 보니 모르는 한자가 좀 있었는데, 그럴 때면 이재순이 알려줬다. 낭독을 마친 후엔 다음과 같이 독립의 필요성을 다시 한번 강조했다.

**오늘까지 면사무소에서 일본 일을 하고 있었으나 조선이 독립하면 부역, 세금 등이 필요 없게 된다.**

결국 수서리 만세 시위 주동자로 체포된 이시종은 징역 1년을 선고받았다. 보안법이 적용되었다. 1919년 10월 8일부터 1920년 4월 28일 사면될 때까지 서대문감옥에서 옥고를 치렀다.

## 원주 군수를 질책한 열여덟 소년
# 한범우

韓範愚

1902. 4. 4~1920. 6. 22

당신은 왜 만세를
부르지 않소?
같이 조선 독립 만세를
부릅시다.

촬영 시기 및 장소 미상

보안법 위반 | 징역 10개월
1919년 6월 3일 언도 | 1919년 6월 3일
서대문감옥 입소 | 1920년 3월 4일 가석방

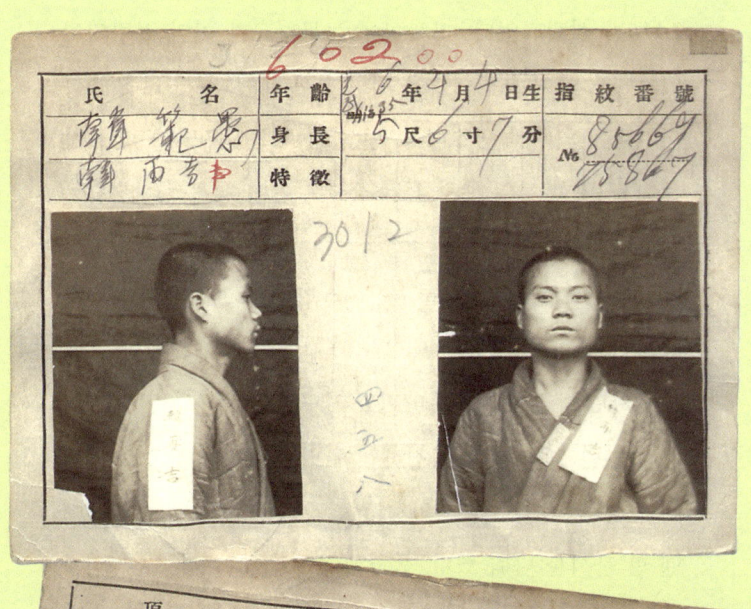

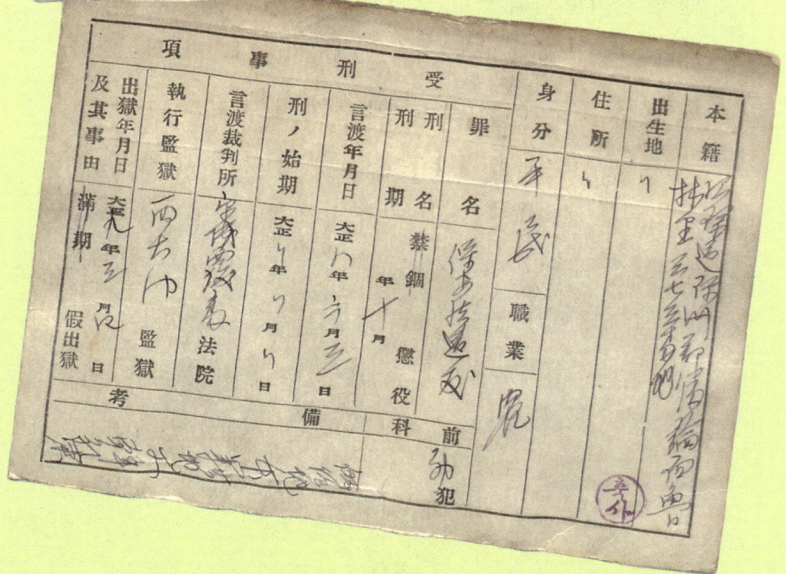

1919년 3월 22일, 강원도 원주군 부론면 노림리에 자리한 노림의숙에서 제1회 졸업식이 열렸다. 졸업생 40여 명 중엔 18세의 한범우도 있었다. 사립학교인 노림의숙은 1915년 설립되었다. 가까이에 보통학교가 이미 건립되어 있는데도 굳이 노림의숙을 새로 만든 데엔, 일제 교육에 항거한다는 의미가 담겼다. 그런 만큼 채용한 교사도 남달랐는데, 저명한 항일 투사 홍남표, 어수갑이 당시에 선생으로 일했다. 훗날 홍남표는 조선공산당 창건과 재건에 관여하며 6·10만세운동을 이끌고,[1] 어수갑은 1921년 워싱턴 국제회의에 참석해 조선 독립을 주장하기로 계획했다가 발각되기도 하고 조선공산당원으로 활동한다.[2]

1919년 3월 초 고종 장례식에 다녀온다며 서울로 향한 두 선생은, 원주로 돌아와서 3월 22일 졸업식 때 학생들에게 한 문서를 나눠 줬다. 독립선언서였다.[3] 이때 두 선생과 졸업생들 사이에 무슨 대화가 오갔는진 알 수 없지만, 독립선언서가 무슨 내용이며 왜 중요한 건지 그리고 여기에 대해 조선인 사회는 어떻게 반응하고 있는지 얘기하지 않았을까 싶다. 졸업식장엔 긴장감과 함께 결연한 의지가 팽배했다.

그로부터 얼마 안 있어 3월 27일, 한범우와 동료 졸업생의 분노를 유발한 소식이 들려왔다. 원주 군수 오유영이 민심 수습을 위해 부론면 소재지 흥호리에 시국 강연을 하러 왔는데, 이걸 듣던 몇몇 노림의숙 졸업생이 항의하자 모두 쫓아냈다는 것이었다.[4] 오유영은 대한제국 관료였지만 조선총독부가 설치되면서 총독부 관료로 편입된 자로, 대한제국 말기부터 강원도 금성 군수로 있다가 1914년부터 원주 군수를 지내고 있었다.[5] 그는 조선총독부의 원주군 행정 책임자로서, 날로 격화하는 전국적인 만세 시위에 대비하고자 흥호리를 찾아 주민에게 자제해 달라고 설득했다. 그러나 현장의 노림의숙 학생들은 오유영의 행태가 매우 못마땅했고, 결국 항의하다 쫓겨나는 일까지 벌어졌다.

옆 동네 흥호리로부터 소식을 접한 한범우는 그냥 두고 볼 수 없었다. 동료 여섯 명과 함께 곧바로 거사를 기획했다. 원주 군수가 돌아가는 길에 노림리 도로를 지날 것이니, 올 때까지 기다렸다가 다 같이 만세를 부른다는 생각이었다. 먹으로 '조선 독립 만세'라고 쓴 깃발도 준비했다. 시간이 흘러 당나귀를 탄 오유영이 나타났다. 그러자 한범우의 동료 김성수가 품에서 깃발을 꺼냄과 동시에 졸업생이 다 같이 조선 독립 만세를 외치며 오유영에게 다가갔다. 잔뜩 열받은 한범우는 이렇게 질책했다.

**철원 군수는 민중과 함께 조선 독립 만세를 불렀는데 당신은 왜 만세를 부르지 않소? 같이 조선 독립 만세를 부릅시다!**

그런데 잠깐, 여기서 철원 군수는 뜬금없이 왜 등장한 걸까. 먼저 1919년 3월 10일 철원에서 발생한 만세 시위를 살펴볼 필요가 있다. 이때 흥분한 군중이 철원 군수 오태환을 찾아가 구타했고, 독립 만세를 부르라고 강요해 군수가 마지못해 만세를 부른 사건이 있었다. 심지어는 군수에게 만세 선창을 시켜 군중이 따라 부르기까지 했다고 한다.[6]

총독부 고위 관료인 조선인 군수가 자기 입으로 만세를 외쳤다는 사실은 꽤나 상징적이었고, 소식은 삽시간에 퍼졌다. 1919년 3월 13, 14일 무렵 발행된 지하신문《조선독립신문》제5호에도 이렇게 소개되었다.[7]

> **철원 군수는 3월 10일 오전 10시 스스로 태극기를 들고 군중의 선두에 서서 만세를 부르고 독립선언을 하였으니 모범 군수이다.**

한범우도 어디선가 이 소식을 들었고, 오유영에게 당신도 철원 군수와 마찬가지로 조선 독립 만세를 부르라고 소리칠 수 있었다.

헌병이 출동하자 졸업생들은 곧 해산했다. 당나귀를 탄 오유영은 헌병이 오자 노림의숙 학생들이 벌인 짓을 고했고, 헌병은 수색을 시작했다. 한범우는 노림의숙 근처에서 체포되었다. 한범우에겐 보안법 위반으로 징역 10개월이 선고되었다. *1919년 6월 3일부터 1920년 3월 4일 가석방 될 때까지 서대문감옥에서 옥고를 치렀다. 그리고 1920년 6월 22일*, 석방된 지 3개월 만에 옥살이 여독으로 세상을 떠났다.[8]

## 배화학당의 앳된 독립운동가들
# 이수희

李壽喜

1904. 10. 21~?

# 쓸 줄 모르기는 하나
# 나라 사랑하는 마음이야
# 없겠는가?

| 촬영 시기 및 장소 미상 | 보안법 위반 | 징역 1년 | 1920년 4월 5일 언도 | 1920년 4월 6일 집행유예 |

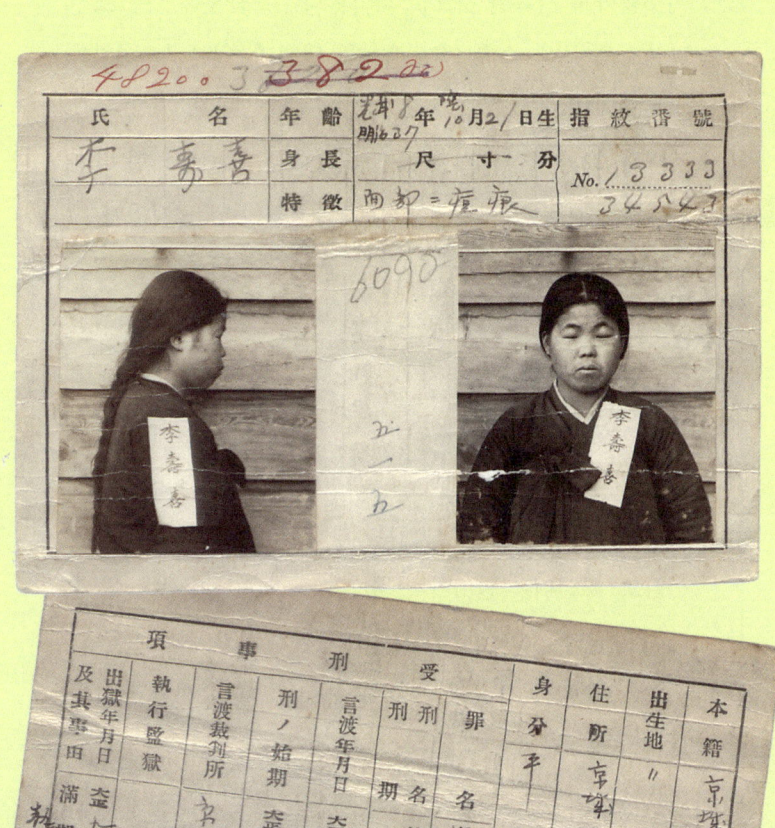

1919년 9월 대한민국임시정부에서 발간한 《한일관계사료집》 제4부에 첨부된 독립운동일람표를 보면, 3·1운동은 5월까지 지속된 것으로 파악했다.[1] 조선총독부는 '조선만세소요사건', 즉 3·1운동을 4월 말까지, 일본군은 6월까지로 파악했다.[2] 3·1운동의 기간을 대략 3개월 정도로 본 것이다. 그렇지만 이후로도 만세 시위는 잊을 만하면 발생했다. 1920년 3월 1일 배화학당 학생들의 만세 시위가 그랬다.

1919년 3월 1일, 배화학당 학생들은 서울에서 벌어진 첫 만세 시위에 참여하지 못했다. 당연히 준비는 했다. 배화학당이 어디인가. 1898년 미국 기독교계 선교사가 설립한 여학교로, 구한말 일본 등 열강의 이권 침탈이 노골화하는 가운데 여러 신문과 학교를 만들어 애국계몽운동에 헌신하고, 조선이 식민지가 된 후엔 무궁화의 전국 보급에 앞장선 남궁억이 1910년부터 1918년까지 가르친 학교였다.[3]

2월 27일 밤 김정애, 김해라, 최은심 세 학생이 식당에 모여, 3월 1일에 전교생을 어떻게 동원할 건지, 무슨 행동을 취할 건지 의논했다. 각 반 사이의 연락망도 구축했다. 3월 1일 만세 시위 준비를 위한 서울 내 여학생 연락본부가 이화학당 지하실에 꾸려져 있었는데, 김정애는 이곳에서 등사한 독립선언문을 두 차례에 걸쳐 배화학당까지 옮겼다. 배화학당 학생들에게 배포할 것 외에도 시내에 뿌릴

것까지 포함한 분량이었다. 세 학생은 밤에 직접 시내에 나가 물건을 사는 척하며 선언문을 나눠 줬고, 주택가를 거닐며 담 너머나 대문 틈에 선언문을 던져 넣었다.

하지만 정작 3월 1일이 되었을 때, 배화학당 학생들은 거리에 나가 만세를 외치지 못했다. 교장 스미스(Bertha Smith)가 학생들의 움직임을 미리 파악하고, 수업을 일찍 끝내 학생들이 모이지 못하게 하는 등 선제적으로 통제에 나섰기 때문이다. 학생들의 안전을 우려한 조치였다. 오후엔 헌병이 나타나 배화학당 측 시위 주모자를 검색하기도 했다. 이때 김정애는 도망쳐 홍천에 있던 남궁억을 찾아가 은신했다고 한다. 곧 휴교령이 내려지면서, 배화학당 학생들이 자체적으로 모여 만세 부를 기회는 사라졌다.

그로부터 딱 1년이 흘렀다. 그 사이 배화학당 교사 김응집이 격문을 살포해 잡혀가는 일도 있었다. 상하이 임시정부 소식 등이 담긴 격문이었다. 3월 1일이 돌아왔을 때, 학생들은 이번엔 기필코 만세를 부르리라 마음먹었다. 아침 8시 반경,[4] 기숙사생 40여 명이 인왕산 남쪽 끝자락을 오르기 시작했다. 얼핏 빨래를 널러 가는 듯 보였다. 경복궁 방향을 향해 늘어선 학생들은 일제히 태극기를 흔들며 대한독립 만세를 외쳤다. 40여 명이 함께 외쳤으니 서촌 구석구석까지 소리가 닿았을 것이다. 이날 만세 시위를 이끈 주역은 이수희, 김경화였다.

안 그래도 총독부에선 3·1운동 1주년을 맞아 무슨 일이 일어나지 않을까 노심초사하고 있었다. 말과 자동차를 탄 경찰과 군인이 온종일 거리를 순찰했고, 학생들이 많이 모이는 YMCA회관 같은 곳엔 총독부 말단 공무원들이 교대로 경계를 섰다.[5] 곧바로 종로경찰서 형사들이 배화학당으로 달려왔다. 학교 기도실에 학생들을 한 명씩 불러 심문했다. 학생들은 찬송가를 부르며 대답을 거부했다. 이수희는 성명, 주소를 쓰라고 하자 쓸 줄 모른다고 답했다. 형사가 "주소와 제 이름도 못 쓰는 것이 어찌 만세를 불렀느냐"고 따져 묻자, 이수희는 "못 쓰기는 하나 나라 사랑하는 마음이야 없겠는가"라고 대꾸했다.

나이가 좀 있고 반항이 심한 학생 24명이 종로경찰서로 연행되었다. 하지만 금방 학교로 돌려보내며 스미스 교장에게 주동자 조사와 징계를 요구했다. 하지만 스미스는 자신은 조선 학생의 교육을 위해 이 땅에 온 것일 뿐 정치와는 아무 상관이 없고, 자기 나라가 독립되어야 한다고 만세 부른 학생을 어찌 벌을 줄 수 있느냐는 입장이었다. 배화학당 측은 아무런 조치를 하지 않았고, 결국 학생들은 다시 붙들려 갔다.

학생들은 재판일까지 서대문감옥에서 지내야 했다. 학생 24명이 감옥으로 이송되는 과정에서 포승줄에 묶여 전차에 태워졌는데, 전차 안 승객 모두가 안타까움과 감격 속에 자리를 비켜 주었다고 한다. 또한 전차 밖 사람들이 이 광경을 지켜보다가 만세를 부르는 일까지 생기자, 경찰은 죄인을 옮길 때 쓰는 창문 없는 큰 상자 모양의 오동마차를 급히 준비해 학생들을 이송했다.

1920년 4월 5일 판결에서 이수희, 김경화에겐 징역 1년에 집행유예 3년이, 나머지 학생에겐 징역 6개월에 집행유예 2년이 선고되었다. 보안법 위반이었다. 모두가 집행유예를 받아 4월 6일 감옥을 나올 수 있었다. 다행히 학생들은 4월 9일과 10일에 다시 학교로 돌아갔다. 다만 스미스 교장은 교장 인가가 취소되어 교장 자리에서 물러났다.

이수희와 함께 당시 고초를 겪은 학생 24명 모두 일제감시대상인물카드가 남아 있다. 면면을 살펴보면 10대의 앳된 모습 그대로다. 그들의 이름을 적어 둔다. 김경화(金敬和), 손영선(孫永善), 한수자(韓壽子), 이신천(李信天), 안희경(安喜敬), 안옥자(安玉子), 윤경옥(尹璟玉), 박하경(朴夏卿),[6] 문상옥(文相玉), 김성재(金成才), 김의순(金義順), 이용녀(李龍女), 소은숙(邵恩淑), 박신삼(朴信三), 지은원(池恩源), 소은명(邵恩明), 최난씨(崔蘭氏), 박양순(朴良順), 박경자(朴景子), 성혜자(成惠子), 왕종순(王宗順), 이남규(李南奎), 김마리아(金瑪利亞).

무관심에도 굴하지 않은 만세 계획

# 오용진

吳龍辰

1905. 1. 4~1979. 9. 19

만세를 부르지
않는 자는
금수와 다르지 않다.

촬영 시기 및 장소 미상 | 보안법 위반 | 서대문감옥 입소 |
형명, 기간, 언도 및 입·출소 연월일 미기재

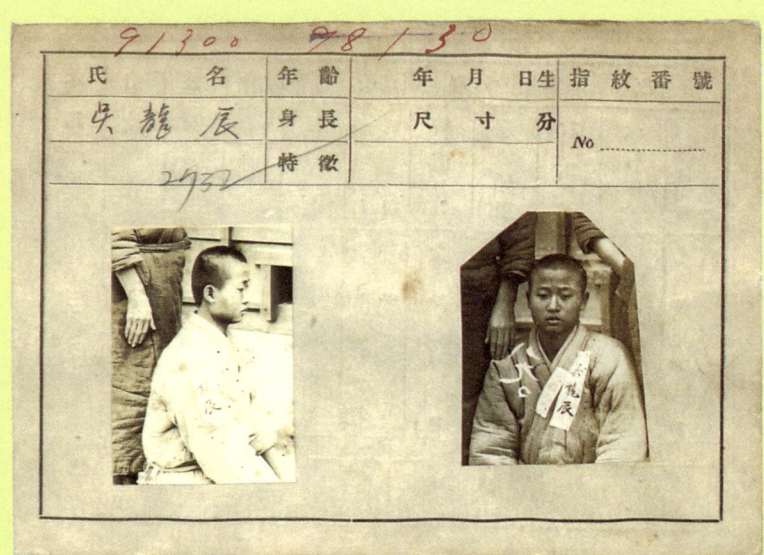

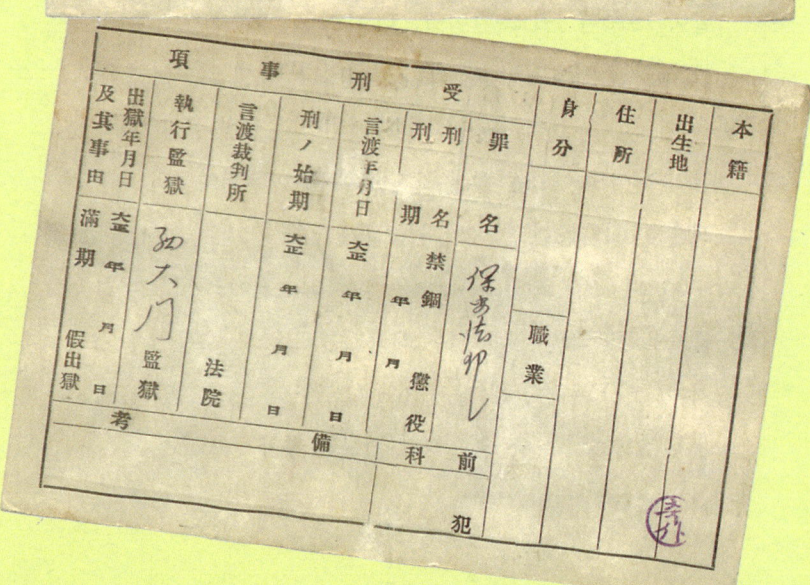

배화학당 만세 시위가 발생한 지 반년이 지난 *1920년 8월 28일*, 강화도 동북쪽 바닷가에 사는 *16세* 오용진이 동네 형 임두엽과 함께 만세 시위를 계획했다. 강화군 양사면 철산리. 지금이야 북한과 가까이 마주한 최전방으로 인적이 드물지만, 예전엔 서해, 예성강, 임진강, 한강을 잇는 교역로 가운데에 위치해 상당히 큰 포구가 있었다.[1] 300가구가 사는 규모 있는 마을이라 그런지 *1919년* 만세 시위도 *3월 20일*과 *4월 2일* 두 차례나 벌어졌다.[2] 오용진도 이때 만세 시위 광경을 보며 혹은 어른들을 따라 만세 시위에 직접 참여하며, 스스로 독립 의지를 고조시켰을 터였다.

*1920년 8월 18일*경 오용진은 임두엽에게 만세 시위를 벌이자고 말했다. 임두엽도 같은 생각을 품고 있었는지 찬성이라 답했다. 경술국치일, 곧 조선이 일본에 강제 병합된 날이 *1910년 8월 29일*이었으니, *1920년 8월 29일*은 나라를 빼앗긴 지 *10주기*가 되는 날이었다. 오용진은 이런 점을 염두에 두었을 것이다. *1910년*이라면 여섯 살 때니 세상이 어찌 돌아가는지 잘 알지 못했겠지만, 열여섯의 오용진은 이 치욕스런 날의 의미를 잘 알았다.

*1920년 8월 28일* 두 사람은 임두엽의 집에서 필요한 물품들을 준비했다. 임두엽은 태극기를 그렸고, 오용진은 거기에 "조선 독립 만세! 슬프고도, 슬프도다"라고 적었다. 글을 좀 알았던 오용진은 별도로 격문을 썼다.

이것은 독립에 대한 발언이다. 이 글을 보고 노소(老小)를 불문하고 9월 2일에 만세를 불러야 한다. 이 말에 응하지 않는 자는 금수(禽獸)와 같다.

  오용진과 임두엽은 철산리에서 도로 3개가 만나 교통량이 많고 땔감 장수들이 모이는 지점으로 가서, 그곳에 설치된 게시판에 태극기와 격문을 부착했다. 하지만 아쉽게도 주민의 호응은 없었다. 8월 31일에 경찰이 부착물을 발견해 수거해 갔다.
  오용진은 포기하지 않았다. 다시 아는 형 황준실을 찾아가 만세 시위를 모의했다. 1920년 9월 중순 무렵, 둘은 양사면 면사무소에서 몰래 태극기와 격문을 준비했다. 종이나 필기구를 구하기가 비교적 쉬워서 일부러 면사무소까지 간 게 아닌가 싶다. 황준실이 태극기를 그리고 오용진이 '독립 만세' 네 글자를 더했다. 여기에 오용진은 격문을 추가했다.

우리 동포들은 이 글을 보라, 애통의 마음은 누구나 있고 이 마음이 없는 자는 금수와 다르지 않다. 애국심을 모르느냐. 공자 왈, 하늘에 두 해가 없고 백성에게 두 임금이 없는데 왜 두 임금을 받들어야 하는가, 철산리 300가구 중 이와 같은 광고가 한 장도 없다. 9월 23일에 만세를 부

**르지 않는 자는 금수와 다르지 않다.**

 이번에는 호응 없는 철산리 주민에 대한 아쉬움도 강하게 표현했다. 둘은 이전과 같은 장소에 있는 게시판에 태극기와 격문을 붙였다. 그럼에도 또다시 주민의 참여는 없었고, 만세 시위는 미수에 그치고 만다.
 유감스럽게도 오용진이 의도한 만세 시위는 일어나지 않았지만, 일제를 당황하게 만들기엔 충분한 사건이었다. '조선만세소요사건'이 아직 완전히 마무리된 게 아니며, 언제든 다시 일어날 가능성이 충분하단 걸 보여 줬기 때문이다. 1920년 9월 16일 게시판 부착물이 재차 경찰에 발견되었고, 얼마 안 있어 오용진, 임두엽, 황준실이 모두 붙잡혔다. 오용진은 보안법 위반으로 징역 1년에 처해져 옥고를 치렀다.
 출감 후 오용진은 철산리에 돌아와 1922년에 설립된 대창서당(大昌書堂)에서 교사로 근무했다고 한다. 교육기관이 없는 철산리 상황을 안타까워한 마을 유지 김성배가 세운 서당이었다.[3] 독립운동으로 옥살이한 전과를 가진 오용진을 교사로 채용한 걸 보면, 대창서당의 교육목표가 어디에 있었는지 충분히 짐작된다.
 1924년 5월 2일, 오용진이 김성배와 함께 학생 35명을 인솔해 강화도 고려산에 있는 적석사, 백련사에 소풍을 다녀왔다는 기록이 확인된다.[4] 싱그러운 봄꽃이 만발한 시기, 고구려 장수왕 때 창건되었다는 두 사찰을 다녀오며 오영진은 학생들과 무슨 대화를 나눴을까.

고성 청년의 마음을 하나로 모으다
# 황웅도

黃熊度

1901. 8. 6~1952. 2. 14

우리 동산에
풀뿌리는 어지럽게 자라고
자갈은 흩어져 구르니
이것들을 청소해야 한다.

| 1934년 5월 16일 형사과에서 촬영 | 치안유지법 위반 | 1933년 10월 30일 검거 | 형명, 기간, 언도 및 입·출소 연월일, 형무소명 미기재 |

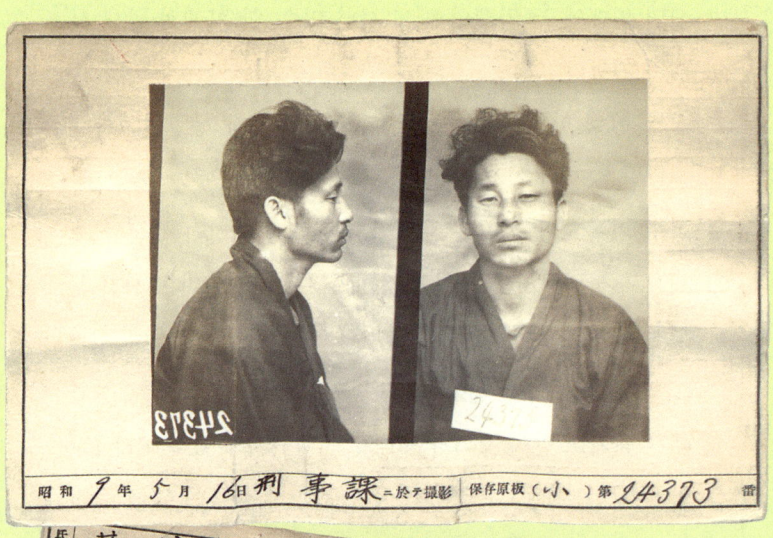

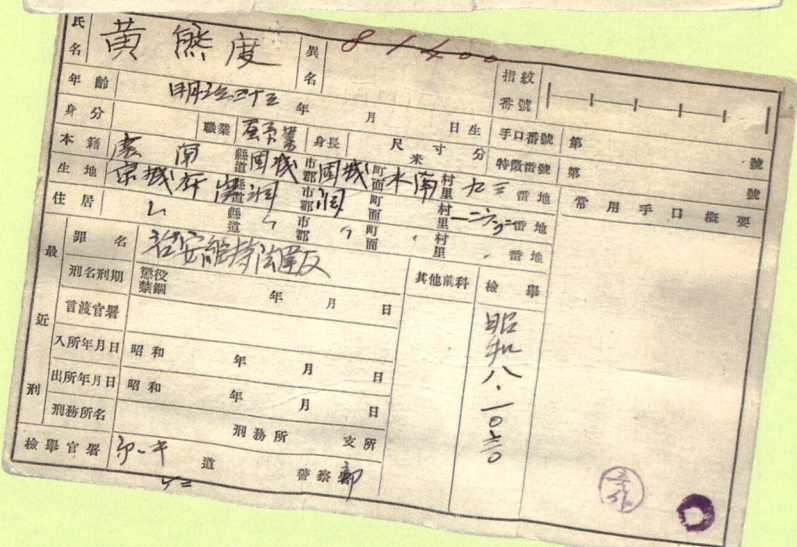

이름에 '곰 웅(熊)' 자를 써서 사람들이 곰도라 부르곤 했던 황웅도. 그는 경상남도 고성군 고성면 수남리에서 태어났다. 1919년 3·1운동이 일어났을 당시, 황웅도가 사는 고성면 일대엔 두 차례의 만세 시위 미수, 한 차례의 만세 시위가 있었다.

첫 번째 미수 사건은 진주 방면으로부터 독립선언서를 전달받은 지역 인사 배만두 등이 계획한 것으로, 3월 17일 학생·기독교인·농민을 동원해 거사를 일으키려 했으나 계획이 누설되면서 헌병에 발각되었다. 두 번째 미수 사건은, 고성 지역 학생 조직들이 자체적으로 기획한 것으로, 3월 22일 학생 200여 명이 시장에 모이기까지 했으나 경찰의 빠른 대처로 만세 시위가 제대로 진행되지 못했다. 4월 1일 만세 시위는 천도교 쪽에서 주도했다. 사람들이 많이 몰린 장날을 계기로 만세 시위가 전개되어 약 80명이 시장을 돌며 독립 만세를 외쳤다.[1] 두 번의 검거 소식에도 재차 만세 소리를 높일 만큼, 고성면의 독립 열망은 거셌다. 황웅도도 1919년 만세 시위 선두에서 군중을 이끌다가 체포되어 훈계 방면된 적이 있다고 전하는데, 아마도 4월 1일의 만세 시위에 참여한 게 아닐까 한다.

만세 시위는 잦아들었지만, 황웅도의 독립 의지는 그대로였고 앞으로 무얼 할지 고민했다. 그는 일단 뜻을 같이하는 또래 청년을 모아 조직을 만들기로 결심한다. 1920년 12월

27일, 황웅도는 고성면 청년 10여 명과 고성일심회(固城一心會)를 조직했다. 일심동체가 되잔 뜻에서 일심회라 이름 했다. 이 자리에서 황웅도는 임시회장에 추대된다. 스무 살 끝자락이었다. 회원들은 황웅도에게 조직의 취지를 밝힐 취지서 작성을 요청했다. 취지서는 제1회 고성일심회 총회에서 선포될 예정이었다. 황웅도는 다음 날인 12월 28일, 수남리 서당에 가서 취지서를 작성했다. 원고를 수정하며 쓰다 보니 지저분해져서 동료 김성복에게 다시 정서해 달라고 부탁했고, 김성복은 그것을 다른 두 장의 종이에 옮겨 써 취지서 작성을 마무리했다.

그리고 1921년 1월 3일, 고성면 기독교회당에서 제1회 총회가 개최됐다. 회원 18명이 자리했다. 황웅도가 취지서를 낭독했다. 내용엔 얼핏 보면 난해한 비유가 많다. 조선 독립이나 일본을 비난하는 문구를 대놓고 쓰면 잡혀갈 게 뻔하니 최대한 돌리고 돌려서 썼기 때문이었다.

> 수년 전[五載]의 거대한 전쟁 형세[大戰雲]는 평화로 돌아가고, 평등과 공유의 소리가 하늘을 움직이고 땅을 진동하니, 동방의 이천만 혼[生靈]은 신지식을 의식하게 되었다. 우리 사회가 작년 이래 처음으로 눈을 떠서 손을 움직여 수백 년간 황폐하고 쇠퇴하여 꽃이 떨어진 동산에서 호미와 괭이를 들기 시작했다. 우리 동산에는 어두침침한[陰陰]

**수목이 꽃을 가리고, 풀뿌리는 어지럽게 자라고 자갈은 흩어져 구르니, 이것들을 청소해야만 한다. 봄이 되면 봄 산에 봄 초록을 드러내고, 가을이 되면 가을 창고에 가을 곡식이 누렇다는 것을 우리도 볼 수 있다.**

뜻을 풀어 보자. 수년 전 제1차 세계대전이 종식되어 평화가 찾아온 후, 인류 사이에 평등과 공유를 외치는 목소리가 높아지기 시작했다. 이제 조선 땅 이천만 동포도 이러한 세계적 사조를 인지하게 되었다. *1919년 조선 민족이 3·1운동을 펼친 이래 꽃이 떨어진 동산, 즉 나라가 망한 이 땅에서 처음으로 조선 사회가 스스로 주도적으로 움직이기 시작했다.* 이 땅이 일본의 식민지가 되어 독립을 방해하는 여러 장애물이 있으니, 이것을 깨끗이 씻어 내 조선 민족이 자기 일을 스스로 결정할 수 있는 환경을 만들어야 한다. 봄에는 새로운 새싹이 자라나듯 조선의 독립운동은 점차 강해지고 있으며, 가을에는 누렇게 익은 곡식을 먹어 없앨 일만 남은 것처럼 일본은 점점 쇠약해질 일만 남았다.[2] 여기서 '평등과 공유'란 미국 대통령 윌슨이 주창한 민족자결주의, 러시아혁명에서 비롯한 사회주의 등의 사상을 의미하는 것으로 생각된다. 취지서 내용은 *1920년대 초 조선 청년들이 세계 흐름을 어떻게 파악하는지, 3·1운동이 끝난 다음의 국내 정세를 어떻게 인식하는지 잘 보여 준다.*

황웅도는 혹시나 이해하지 못하는 청중을 위해 해설도 덧붙였다. 조선 각지에서 지식과 체육 발달을 명목으로 여러 활동이 벌어지고 있는데, 그 이면엔 조선 독립 운동을 왕성하게 하자는 뜻이 담겨 있는 것으로, 봄 새싹과 같은 우리 젊은 청년들도 이와 마찬가지로 일심회로써 조선 독립 운동을 벌여야 할 것이고, 조선에 산재한 자갈과 같은 일본인을 제거해야 한다고 말했다. 황웅도의 비장한 연설이 끝나자 회원들의 박수갈채가 쏟아졌다.

 고성일심회 제1회 총회에서 있었던 일은 금세 일제 감시망에 포착됐다. 황웅도는 체포되고, 취지서와 고성일심회 회의록 장부가 증거로 제출됐다. 재판 결과, 황웅도에게 징역 8개월이 선고된다. '제령 제7호'[3] 위반이었다.

 그 뒤로도 황웅도는 고성에 살며 활동을 지속했다. 고성일심회 창립 취지서에서 보여 준 마음가짐 그대로 고성청년단, 신간회 고성지회, 고성농민조합에 참여해 지역 발전과 조선인 권리 향상에 힘썼다. 그러다 1933년 11월, 조선공산당재건동맹 사건 관련자로 잠시 체포되었다가 풀려난 후, 조선에서의 생활을 아예 청산하고 일본으로 건너가 조선인 극단을 만들어 운영했다. 1952년 재일 조선인 신분으로 사망했다.[4]

## 봉축회에 불참할 것을 강권하다
# 권익수

權益洙 [권태휘權泰彙]

1897. 12. 24~?

우리 민족이여!
자각하여라!
자유 없는 우리 민족은
모두 오늘이
무슨 날인가를 알라.

| 촬영 시기 및 장소 미상 | 씨명 권태휘 | 치안유지법 위반 |
| | 1930년 12월 10일 예심 면소 |

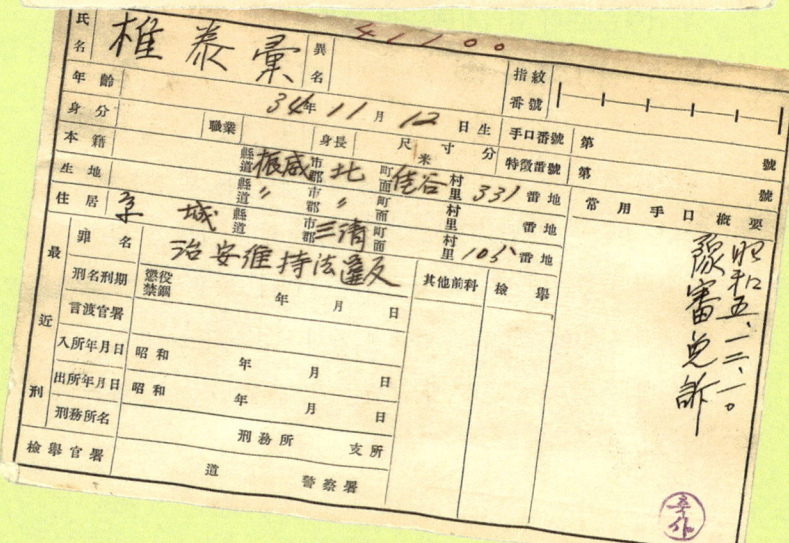

1920년 3월 26일 일본 정부는 다이쇼 천황의 건강 이상 사실을 발표했다. 어릴 적부터 병약했던 천황이었다. 자연스레 일본인의 시선은 황태자 히로히토에게 쏠렸다.

　그런데 히로히토의 소극적 성향을 두고 문제가 제기됐다. 우려가 확산하자 일본 정부는 황태자의 유럽 순방을 계획했고, 이를 계기로 황태자가 소극적 이미지에서 탈피하길 기대했다. 더불어 유럽 열강에 얼굴을 비춰 국제 지도자로 자리매김하는 동시에, 국제정치 감각도 익히길 바랐다. *1921년 3월 3일* 순방을 시작한 황태자는 영국, 프랑스, 네덜란드, 이탈리아 등을 둘러보고 *9월 3일* 귀국한다.[1]

　장장 7개월에 걸친 여정을 마치고 황태자가 무사 귀환한다는 소식은, 일본 제국에선 국가적으로 축하할 일이라 여겨졌다. 제국 산하 식민지 조선에서도 마찬가지였다. 식민 권력은 미리 협의회를 꾸려 경성에서 대대적인 봉축회를 준비했다.[2] 황태자의 귀국일인 9월 3일에 맞춰 경복궁 경회루에서 시민 축하 행사를 열고, 학생 시민의 서울 시내 행진도 거행하기로 했다.[3] 조선총독부에서 발간한 《사진첩 조선》(1921)에 보면, 9월 3일 행사장을 담은 사진 한 장이 수록되어 있는데 행사를 위해 지은 거대한 탑을 중심으로 학생과 시민이 일장기를 들고 빽빽이 줄지어 있는 모습을 확인할 수 있다.[4] 지금의 한국은행 앞, 분수대가 있는 공간이다.

그런데 이날, 행사에 초를 치는 일이 발생한다. 종로2가의 유명 서점 광익서점과 근처 상점 네댓 곳에서 괴문서가 발견된 것이다.

> 오 슬프다, 우리 민족이여! 자각하여라! 자유 없는 우리 민족은 모두 오늘이 무슨 날인가를 알라. 적을 위하여 봉축회에 참석하는 자는 반드시 위해를 가할 것이니 십분 주의하라. 기를 올리지 말라. 봉축장에 참가하지 마라. 민국 3년 9월 3일 독립단 여자부 알림.

내용도 내용이지만, '민국 3년'이란 표기가 눈길을 끈다. 1919년 수립된 대한민국임시정부의 연호를 따른 게 틀림없다. 9월 14일 경찰은 신교동 8번지 허형(許炯)의 집에 숨어 있던 범인을 체포했다. 바로 권익수였다.

봉축회 전날 권익수는 동지 이기하와 경고문 살포를 공모하고, 그날 밤 관철동 이기하 집에서 경고문 약 50부를 인쇄했다. 그러나 경찰의 경계가 삼엄해 몇 장 뿌리지 못한 채 잡힌 것이다. 독립단 여자부를 작성 주체로 한 이유는 명확하지 않으나, 조선 여성의 참여를 유도할 목적을 담지 않았나 추측한다. 권익수는 도피 중 여러 지인 집을 들르며 망명을 기도했지만 끝내 실패했다.

권익수는 이 사건에 앞서 벌써 두 차례나 감옥에 다녀왔다. 경기도 진위군 북면 가곡리 출신으로, 나름 풍족한 양반 집안에서 태어난 그는 진위보통학교와 사립 봉명학교 고등과를 거쳐 1918년 4월 경성의학전문학교(경성의전)에 입학했다.

 1919년 3·1운동이 발발하자, 권익수는 수원·평택에서 만세 시위가 적극적으로 전개되지 않고 있는 것에 아쉬움을 느끼곤 고향의 이민백이란 사람을 찾아가, 기일을 통지할 테니 그때 마을 사람들과 만세 시위를 벌이라고 권유했다. 이 일로 권익수는 보안법 위반으로 잡혀가 태형 90대를 선고받고 매질을 당했다. 그러나 권익수는 재차 독립운동에 뛰어들었다. 정확한 내용은 확인되지 않지만, 독립운동 자금 마련을 위해 활동하다 1920년 9월 12일, 경성복심법원에서 '제령 7호' 위반으로 징역 10개월을 선고받고 만기 출옥하기도 했다.[5]

 그리고 이번이 세 번째 체포였다. 그 사이 권익수는 경성의전에도 돌아가지 못하고, 3·1운동에 참여한 아내가 평양 감옥에서 병으로 사망하는 일까지 겪었다. 하지만 좌절과 슬픔 속에서 그는 다시 '독립' 두 글자를 생각했다. 원래 권익수의 독립운동 구상은 상당히 거창했다. 1921년 11월에 개최될 열강의 국제회의인 워싱턴회의에 조선독립청원서를 제출하고, 동시에 격문을 배포해 조선인의 독립 의지를 다시 한번 보여 줄 생각이었다. 어쩌면 제2의 3·1운동을 꿈꾸었는지 모른다. 그러나 일은 뜻대로 되지 않았다.

권익수의 세 번째 체포 과정엔 약간의 뒷얘기가 있는데, 사실 그는 괴문서 살포 혐의로 체포된 것이 아니었다. 1921년 9월 12일 의열단원 김익상이 조선총독부에 폭탄을 투척한 사건이 발생하자 경찰은 권익수를 관련자로 보고 체포했지만, 곧 무관함이 밝혀졌다. 그러나 9월 3일의 괴문서 살포 사실이 드러나 권익수에겐 징역 1년 6개월이 언도된다. '제령 7호' 위반, 재범이라 형이 가중됐다.

1923년 8월경 출옥한 권익수는 독립운동 행보를 지속했다. 사회문제 해결과 학생의 정신 개조로 새로운 사회를 만들 목적으로 창설된 혁청단(革靑團)에 참여했고, 사회주의자와 교류하며 합법적 민족운동을 표방한 신간회에서도 적극 활동했다. 이 와중에도 여러 차례 검거되었다. 1932년 무렵부턴 언론계에서 일하며 여러 실학자의 전집을 발간해 조선문화 수호를 위한 조선학운동에 매진했다. 해방 후 좌익 계열 단체에서 활동하다 한국전쟁 발발 직후 월북했다.

## 조선의 독립은 무산자의 손으로
# 유진희

俞鎭熙

1893. 2. 11~1949. 8. 31

**민족적 독립을 누구보다
가장 절실하게
열망하는 우리는 …
그 실현의 노력을
회피하지 않는다.**

| 1928년 2월 21일 서대문형무소에서 촬영 | 치안유지법 위반 | 징역 1년 6개월 | 1928년 2월 13일 언도 | 입소 연월일, 형무소명 미기재 | 1928년 8월 석방 |

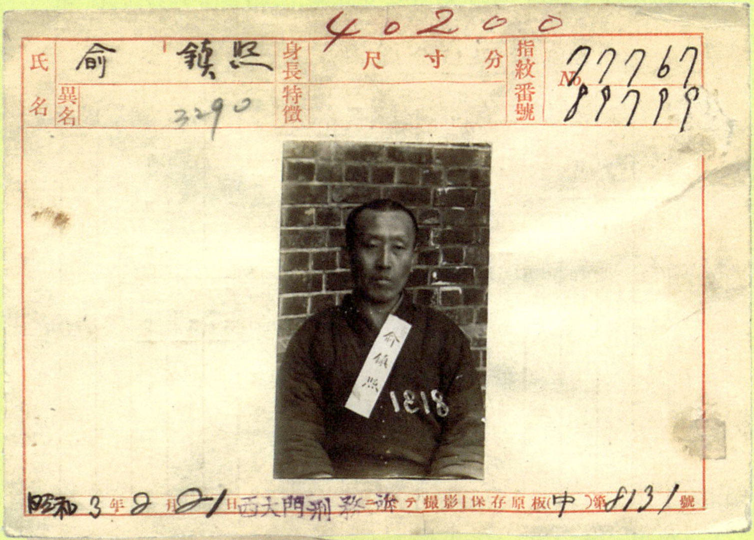

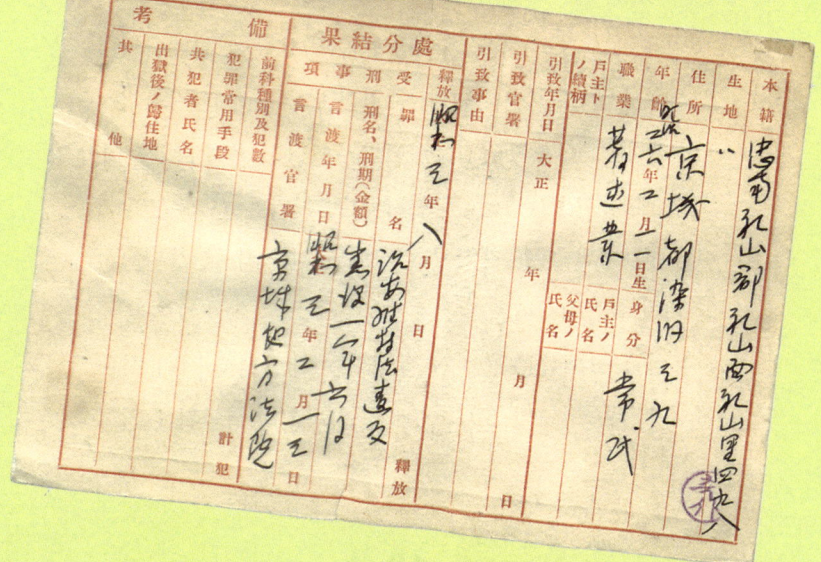

*1922년 12월 26일* 경성지방법원에서 한 재판이 열렸다. 이 재판을 두고 어느 언론은 "조선 초유의 사회주의 재판"이라고 헤드라인을 뽑았다.¹ 잡지 《신생활》 *11호, 12호*의 내용이 문제가 되어 열린 재판이었다. 이른바 '《신생활》 필화 사건'이다.

*1922년 3월 15일*에 《신생활》 창간호가 나왔으니, 발행한 지 얼마 안 된 잡지였다. 하지만 창간 때부터 일제의 눈초리를 받았다. 우선 사장이 3·1운동 때 민족대표 *33인*에 이름 올린 박희도였다. 또 '신사상을 소개하고 민중문화를 연구하며 일반 사회현상을 비평'한다는 취지를 내건 만큼, 도전적인 글을 많이 실었다. 특히 사회주의 사상에 대한 소개가 주를 이뤘다.

이미 당국으로부터 세 차례나 발매금지, 압수 처분을 받은 바 있었지만, *1922년 11월 13일*에 *11호*, 바로 이어 *11월 18일*에 *12호*가 나왔을 땐 대응 수준이 달랐다. 발매금지나 압수에서 끝내는 게 아니라, 운영진과 글을 쓴 기자들까지 심판대에 세웠다. 재판장 피고석엔 총 여섯 명이 앉았는데, 그중 네 명이 《신생활》 관련자였다. 여기엔 *1922년 11월 4일*에 발행된 *10호* 제작부터 참여한 *30세*의 《신생활》 신참 기자 유진희도 있었다.²

충청남도 예산군 출신인 유진희는 대한제국 시기 설립된 사립 배영학교를 *1910년*에 졸업하고, 경성의전에 진학해 1914년 졸업 후 의사로 개업했다.³ 안정적인 직업을 가졌지만, 유진희는 식민지가 된 조선의 현실을 명확히 인식했고 변화가 필요하다고 생각했다. 그럼 어떻게 변화할 것인가. 유진희는 그 해답을 사회주의에서 찾았다.

당시 조선인에게 1917년 러시아혁명과 볼셰비키의 전면 등장은 큰 충격이었다.⁴ 가난하고 힘없는 농민·노동자가 힘을 모아 러시아라는 강력한 제국을 무너뜨렸더랬다. 그리고 농지, 공장 같은 생산수단을 사회가 공동으로 소유한다느니, 그러면 부자와 빈자의 구분이 사라져 평등사회가 도래한다느니, 말뿐인가 했는데 조금씩 실현하는 듯 보였다. 어떤 조선인은 조선에도 러시아처럼 혁명이 일어나 일제 지배를 타파할 수 있지 않을까 생각했다. 유진희도 그중 하나였다.

의사 유진희의 삶의 무게중심은 점차 사회운동으로 옮겨갔다. 그는 조선노동공제회에서 활동했다. 조선노동공제회는 노동자의 힘을 하나로 모을 합법적 조직체를 만들겠다며 1920년 4월 11일에 창립한 단체로,⁵ 조선 최초의 전국적 노동단체라는 타이틀을 가졌다. 유진희는 1921년 3월 13일에 개최된 조선노동공제회 정기총회에서 대표 61인 중 한 명으로 선출되어 활동했다.

한편, 경성의전 해부학 교수 구보 다케시(久保武)의 망언 사건이 발생했을 때도 수습을 도맡았다. 1921년 6월 1일 경성의전에서 해부학 실험용 두개골이 분실되자, 구보 교수는 원래 조선인은 해부학상으로 야만에 가깝다며 조선인 학생에게 책임을 돌렸다. 이에 반발한 조선인 학생들이 동맹휴학에 돌입해 학교로부터 아홉 명 퇴학, 181명 무기정학 처분을 받는다. 사태가 진정될 기미가 보이지 않자, 학교 졸업생 유진희 등이 나서 학교 측과 교섭했고, 6월 28일부로 조선인 학생의 재등교 조치를 이끌어 냈다.[6]

유진희의 이러한 활동을 눈여겨본 이가 있었으니, 친구 김명식이다. 김명식은 상하이파 고려공산당에서 활동했고, 《동아일보》 기자로 일하다가 《신생활》에 주필로 합류했다. 1922년 11월 초 《신생활》에 입사한 유진희는 김명식 등 필진과 함께 10~12호를 발행했다. 특히 11호는 러시아혁명 5주년을 기념해 발행한 것으로, 수위가 높아서 발매금지 처분된다. 김명식이 러시아혁명이 그랬듯 우리들은 장래에 혁명이 성취되길 바란다고 쓴 걸 두고, 일제 당국은 식민지 조선에서의 혁명을 부추긴다고 해석했다.

그러나 《신생활》 필진은 멈출 생각이 없었다. 곧이어 12호를 발행했다. 여기선 유진희의 '민족운동과 무산계급의 전술' 기사가 두드러졌다.

**민족적 독립을 누구보다 가장 절실하게 열망하는 우리[무산자]는 어떤 방면에서도 그 실현의 노력을 회피하지 않는**

다. … [다만] 어떤 길로 나아가도 우리는 신사 문벌[부르주아]과 동행하지 않는다. 이것은 어떤 지점에서도 우리 생명의 적이기 때문이다.

제목 그대로 프롤레타리아, 즉 무산자 계급이 어떤 전술로 민족운동을 펼쳐야 하는지 제시한 글로, 무산자를 압박하는 부르주아는 적이므로 손잡을 수 없으며 독립운동은 무산자 계급이 주도적으로 이끌어야 한다는 내용이었다. 12호도 마찬가지로 즉시 발매금지됐다.

더 이상 행정처분으론 답이 없겠다고 판단한 일제는 사법처분으로 대응했다. 이전까지만 해도 사회주의를 논한다는 이유로 재판까지 받는 일은 없었는데, 이렇게 '조선 최초의 사회주의 재판'이 열렸다.《신생활》의 박희도, 김명식, 신일용, 유진희가 재판장에 섰다. 유진희는 '제령 제7호' 위반으로 징역 1년 6개월에 처해져 옥고를 겪는다.

유진희는 출옥 후에도 조선공산당의 일원으로 활약했으며 신간회에도 참여했다. 1928년 치안유지법 위반으로 재차 옥살이했다. 이후 전향해 해방 후엔 우익 계열 단체에 소속됐으며 남조선과도입법의원의 관선의원을 지냈다.[7]

총 든 강도가 된 혁명가
# 황돈

**黃燉 [황금봉黃金鳳]**

1899. 12. 19~?

## 조선에 공산주의를
## 널리 알려
## 현 체제를 부수자.

| 1921년 10월 9일 본정경찰서에서 촬영 | 씨명 황금봉 | 보안법, 출판법, 폭발물 취체규칙 위반, 절도 | 형 기간, 언도 및 입·출소 연월일, 형무소명 미기재 |

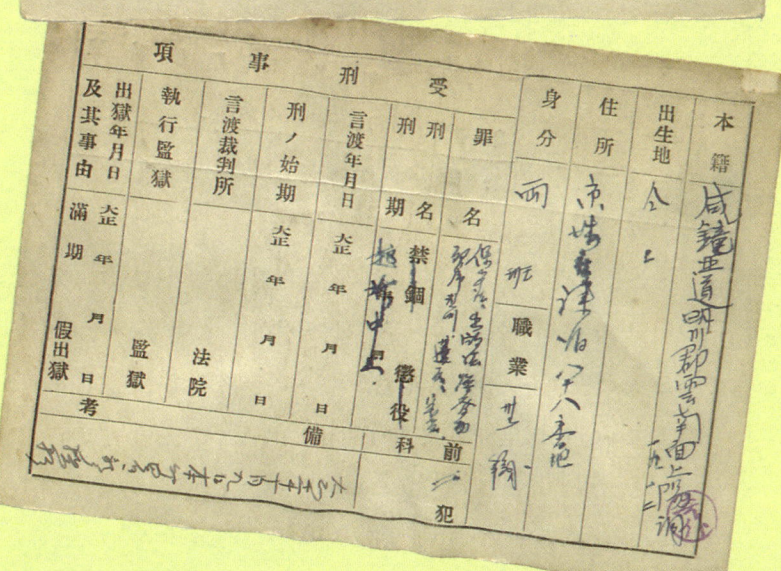

황돈은 어느 날, 독립군으로 활동하던 아버지 황하연(黃夏淵)의 사망 소식을 접한다. 황하연은 간도참변 초기인 *1920년 10월 29일*에 소살(燒殺), 즉 불태워 죽임을 당했단 사실이 확인된다.[1] 간도 왕청현(汪淸縣) 나자구(羅子溝)에 살았다고 하니, 아마도 김좌진이 이끄는 북로군정서에 소속되었을 것이다.

원래 황돈의 본적지는 함경북도 명천군으로, 아버지와 함께 북간도로 건너가 살았다. 나자구의 태흥학교에서 공부했고, 이후 경성으로 가서 *1919년경*엔 기독교청년회관에서 운영하는 영어강습반에 다녔다. 아버지에게 보고 배워서일까, 황돈 또한 독립 열망이 가득했다. 황돈은 *1919년 3월 1일* 파고다공원에서 시작된 만세 시위, *3월 5일* 학생 주도로 재차 서울에서 발생한 만세 시위에 참여해 징역 *6개월*을 선고받았다.[2]

황돈이 아버지의 사망 소식을 언제 어디서 어떻게 들었는진 분명치 않다. 다만, 독립운동에 투신했던 아버지가 일본군 손에 살해되었다는 소식을 들은 황돈의 심정을 상상하기란 어렵지 않을 것이다.

황돈은 일단 공부를 좀 더 하고 싶었지만 돈이 없었다. 그러던 차에 러시아는 공산주의를 실시하고 있어 돈이 없어도 노력만 하면 공부를 계속할 수 있다는 소문을 들었다. 모스크바에 가기로 결심을 굳히고 *1922년 12월 25일* 기차에 올랐다. 경성에서 기차를 타면 시베리아 횡단이 가능한 시절이었다. 1923년 1월 15일경 황돈은 북간도에 내렸다. 아마도 옛날에 살던 곳이니, 잠시 들러 지인들을 만날 생각이었던 것 같다.

황돈은 이곳에서 전부터 알고 지낸 최계립을 만났다. 두 살 위인 최계립은 이미 간도 일대의 이름난 독립운동가였다. 1920년 1월 4일에 발생한 '15만 원 사건'으로 유명했는데, 독립전쟁을 위한 군자금을 마련하고자 조선은행 현금 수송 행렬을 습격해 일본 경찰을 사살하고 15만 원을 탈취한 사건이었다. 러시아혁명에 참여해 적군(赤軍) 측에서 전투에 나간 경력도 있었다. 황돈과 만났을 땐 만주 방면의 공산주의 조직 적기단(赤旗團)의 리더로 활동 중이었다.

최계립은 황돈에게 조선도 러시아처럼 혁명을 일으켜 공산주의 사회를 건설해야 하는데 그러려면 무작정 모스크바로 갈 게 아니라, 우선 조선으로 돌아가 공산주의 선전에 나서야 한다고 강조했다. 이내 설득된 황돈은 적기단에 가입하고, 최계립으로부터 리볼버 총과 탄환, 적기단 경고문 1통, 여비 60원을 받아 조선으로 돌아간다. 두만강 국경을 건널 땐, 총을 도시락통 같은 상자에 넣어 어느 할머니께 들고 가 달라고 해 단속을 피했다.

1923년 3월 10일 경성에 도착한 황돈은 동향 사람 안명순의 셋방으로 향했다. 황돈은 이곳에 머물며 또 다른 동향 사람들 혹은 그들의 지인들을 만났다. 황돈은 이들에게 러시아혁명과 공산주의를 설파하고, 공산주의 선전을 확대해 종국엔 현 체제를 부수어야 한다고 설득했다. 가장 호응이 좋은 사람은 강원도 양양군 출신 학생 김대선이었다.

황돈은 김대선이 머무는 청진동 칠성여관에도 오가며 김대선과 앞으로의 계획을 모의했다. 먼저 황돈은 동아(東亞)공산당이란 조직을 꾸리고, 당원증을 제작해 나눠 가졌다. 활동비는 조선 각지의 부자들로부터 뺏을 작정이었다. 부자는 무산자를 압제하는 장본인으로, 공산주의 실현을 위해 사라져야 할 대상이었다. 황돈과 김대선은 등사 용품을 구입해 부자들을 찾아가서 사용할 공산주의 선전문, 협박문, 경고문, 금전청구서, 영수증을 제작했다. 그리고 동아공산당 도장을 파 날인했다. 협박문엔 청구에 응하지 않는 사람은 사형에 처한다는 문구가 들어갔다. 김일호, 이성수라는 이름이 적힌 가짜 명함도 준비했다.

동아공산당의 첫 타깃은 남대문통 일정목에서 장사하는 유재명이었다. 유재명은 일찍이 개항기부터 서울 상권을 장악한 포목상으로, 당시에도 수만 원의 자금을 운용했다고 한다.[3] 1923년 3월 29일 오후 8시 반경, 유재명 집에 두 남자가 침입했다. 양복을 입은 김대선은 '이성수' 명함을 내밀며, 지금껏 준비한 서류가 담긴 봉투를 건넸다. 유재명이 5,000원을 요구받고 머뭇거리자, 두루마기를 입은 남자가 다가와 권총을 꺼내 협박했다.⁴ 43원을 수금한 둘은 그대로 사라졌다.

동아공산당의 둘째 타깃은 안국동에 사는 윤치소였다. 저 유명한 대한제국 관료 윤치호의 사촌 동생인 그는 세금 많이 내는 사람으로 소개될 정도로 부유했다.⁵ 1923년 4월 4일 오전 10시경, 윤치소 집에 김대선이 들어와 '김일호' 명함을 내밀며 봉투를 건넸다. 밖에서 망을 보던 황돈도 뒤따라 들어가 총구를 들이밀었다. 윤치소에겐 1만 원을 요구하고, 55원을 받아냈다.

서울 한복판에서 폭탄이 터지고 총격전이 벌어진 의열단 김상옥 의거가 발생한 지 불과 2개월쯤 지난 때였다. 비상이 걸린 경찰은 사복 순사까지 풀었다.⁶ 황돈과 김대선은 신고를 막기 위해 사형집행문을 제작하는 동시에 다음 거사 준비에 열을 올렸으나, 1923년 4월 22일 오후 2시, 견지동 거리에서 황돈이 붙잡히고 만다.

총포화약류취체령과 '제령 7호' 위반, 주거침입, 강도가 인정되어 황돈은 징역 8년, 김대선은 징역 6년을 선고받아 서대문형무소에서 복역했다. 후에 사면령으로 형기 4분의 1이 감해졌다.⁷ 황돈의 이후 행적은 파악이 어렵지만, 1931년에 절도로 징역 2년 형을 받은 점이 확인된다.

### 원산에 나붙은 3·1운동 기념 격문
# 송병천

宋秉天

1902. 9. 16~?

아느냐!
3월 1일 대운동 기념일을.
이천만 대중이여,
다 같이 정신을 합하여
기념하자!

| 1930년 12월 12일 서대문형무소에서 촬영 | 치안유지법 위반 | 1929년 7월 16일 입소 | 형명, 기간, 언도 및 출소 연월일, 형무소명 미기재 |

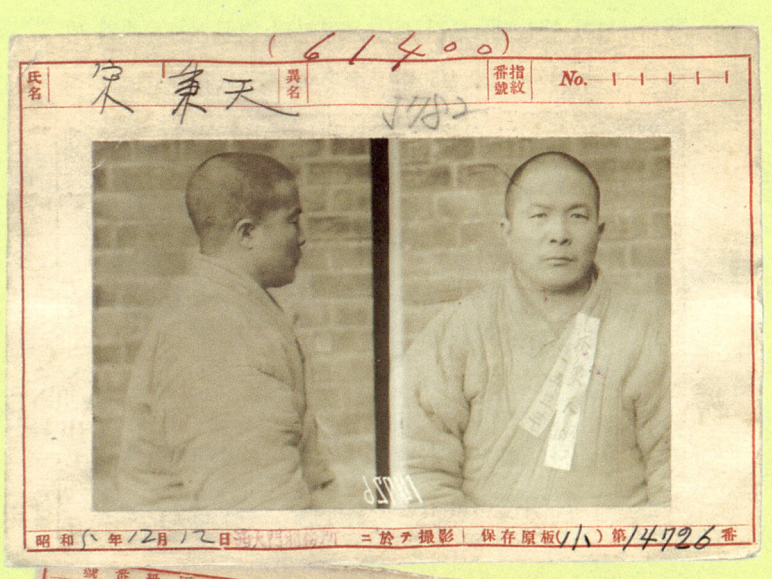

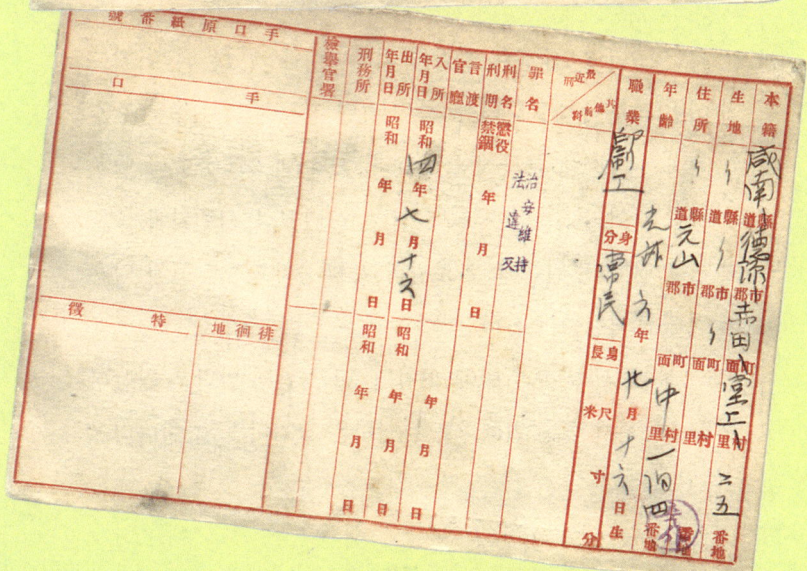

1924년 3월 1일 새벽, 함경남도 원산 시내 원산리 주재소 경찰이 관내 순찰을 돌았다. 3월 1일에 무슨 일이 일어날지 모르니, 2월 29일 밤부터 각별히 주의를 기울이고 있었다. 설마 했는데, 오전 6시 무렵부터 격문 십수 매가 발견됐다. 경원선 기찻길, 원산역 앞 같은 사람 많고 교통이 번잡한 곳들, 길가 벽면과 전봇대에 붙어 있었다. 격문들엔 이런 문구가 적혔다.

**아느냐! 조선독립운동기념일 3월 1일, 오늘을 정신 차려 기념하자!**

**아느냐! 3월 1일 대운동기념일을. 이천만 대중이여, 다 같이 정신을 합하여 기념하자!**

1919년 3·1운동이 발발한 지 5년이나 지났는데, 아직도 이런 격문이 나돌다니. 비상이 걸린 경찰은 즉시 격문을 수거하는 동시에 수사에 들어갔다. 1924년 3월 1일 밤 열두 시쯤 되어 경찰은 단서를 발견할 수 있었고, 관련자를 줄줄이 검거했다. 원산 소재 보광학교, 배성학교 학생들과 덕흥 인쇄소 직원들이 잡혀갔다.

조사에서 밝혀진 바에 의하면, 이 사건의 발단은 원산부 석우동에서 덕흥 인쇄소를 운영하는 강기덕의 말 한마디였다. 강기덕이 누구인가. *1886년생* 원산 출신으로, 서울 보성전문학교에 다닐 당시 학교 대표를 맡아 서울 학생단과 3·1운동을 기획했고, *3월 5일*의 학생 주도 만세 시위 때 현장에서 인력거를 타고 커다란 깃발을 휘날리며 시위를 총지휘한 이력이 있었다. 강기덕은 이 일로 징역 *2년 8개월*의 옥고를 치렀다. 이후 지역 청년회, 사회주의 조직에 관여하다가, 이 시점엔 인쇄소를 차려 경영하고 있었다.[1] 강기덕의 인쇄소 건물엔 남는 방이 있었는지, 몇몇 사람이 함께 기숙 생활을 했다. 인쇄 직공 *30세* 송병천, *22세* 윤식, 보광학교 학생 *20세* 강규진, 배성학교 학생 *20세* 이규운이었다.

*1924년 2월 29일* 강기덕은 직원 송병천을 따로 불러 이런 취지의 말을 했다. '내일 *3월 1일*은 다이쇼(大正) *8년*, 즉 *1919년*의 만세 사건으로 내가 감옥에 다녀온 날이다. 이걸 기념해 내일 함께 콩밥을 먹을 텐데 그 준비를 하자.' 정말 단순히 3·1운동을 기념할 생각으로 콩밥을 먹자고 한 건지, 어떤 심도 있는 의미를 담은 건지, 애매모호한 말이었다. 이 말을 들은 송병천은 문득 3·1운동을 기념해 무언가 행동에 나서야겠다고 마음먹는다. 어쩌면 이 어색해 보이는 스토리는 강기덕을 혐의 선상에서 제외하고자 말을 맞춘 결과일 수도 있다. 강기덕은 함경남도 지역의 유명한 독립운동 지도자였기에, 그가 감옥에 간다면 이 지역 독립운

동은 적잖은 타격을 입을 터였다.

어찌 됐든 송병천은 즉시 자기 방으로 돌아가 강규진, 이규운, 윤식 세 사람을 불러 모으곤, 3월 1일은 조선 민족이 영원히 잊지 못할 날이므로, 기념할 기를 제작해 시내를 돌아다니며 일반 조선인의 독립사상을 환기하자고 말했다. 세 사람이 찬동했다. 이규운이 기를 만들 자금으로 자기 돈 40전을 쾌척하자, 강규진은 깃발 제작에 쓸 천을 사 오기로 한다. 광목천을 사서 돌아오는 길에, 강규진이 배성학교 학생 박제범 등 친구 네 명을 만나 거사 계획을 말하니, 네 명 모두 참여하겠다 답했다.

2월 29일 저녁, 인쇄소에 거사를 함께할 열 명이 모였다. 학생들이 친구를 더 데려와 인원이 늘었다. 그런데 거사의 방법을 두고 약간의 언쟁이 벌어졌다. 강규진과 배성학교 학생 송상옥은 깃발을 들고 나가 만세 시위를 벌여 더 많은 사람의 참여를 유도하자고 주장했다. 하지만 많은 이가 반대하며 다수의 격문을 붙여 광고 방식으로 진행하자고 주장했다. 3월 1일 거리엔 경찰이 삼엄한 경계를 펼칠 게 분명한데, 깃발을 들고 소리치는 행위는 곧바로 눈에 띄어 제압될 가능성이 컸다. 그러니 지속성이 더 높은 광고 방식을 취하자고 한 것 같다. "금일 3월 1일을 독립 만세 기념일로 기념하라. 이천만 우리 동포여!"라고 크게 쓴 깃발은 넣어두고, 격문 제작에 착수했다.

1924년 3월 1일 새벽 2시경 모두가 잠든 사이, 세 팀이 나뉘어 움직였다. 격문 8매를 소지한 박제범 등 4인 팀, 격문 6매를 소지한 송병천·이규운 팀, 격문 5매를 소지한 강규진·송상옥 팀이었다. 이들은 밤거리를 돌며 여기저기 격문을 붙였다. 아침이 밝아 오면 사람들이 이걸 읽고 각성하길 기대했다. 독립 의식이 조금이나마 고취되길 바랐다. 하지만 불과 몇 시간 안 되어 격문은 경찰에 의해 뜯기고 만다. 덕흥 인쇄소와 보광학교, 배성학교 학생의 연합작전은 이렇게 끝나 버렸다. 이렇게 빨리 저지되다니, 다들 무척 당황했을 것이다. 그 와중에 강규진은 울분을 참을 수 없었는지, 오후 9시경 보광학교 예배당을 겸한 1학년 교실에 학생 수십 명이 모인 자리에 찾아가 "오늘은 조선 독립 운동 기념일이다!"라고 외친 뒤 칠판에 크게 "오늘 3월 1일은 독립 만세 기념일"이라 적기까지 했다.

 총 여섯 명이 '제령 7호' 위반으로 기소되었으며, 송병천은 징역 1년을 선고받았다. 사건의 파장이 크지 않다고 판단했는지, 재판부는 다른 인물에 대해선 집행유예를 선고했다. 송병천은 이후 고려공산청년회에서 활동하다가 검거되어,[2] 치안유지법 위반으로 1929년 7월 16일 서대문형무소에 입소했다가 1933년 3월 24일에 만기 출소했다.[3]

## 종로 거리에서 무산자의 세를 과시하다
# 김창준

金昌俊

1900. 12. 21~?

# 무산자 만세!
# 전조선민중운동자대회 만세!

| 1925년 4월 30일 종로경찰서에서 촬영 | 보안법 위반 | 1925년 4월 30일 종로경찰서 인치 | 형명, 기간, 언도 및 입·출소 연월일, 형무소명 미기재 |

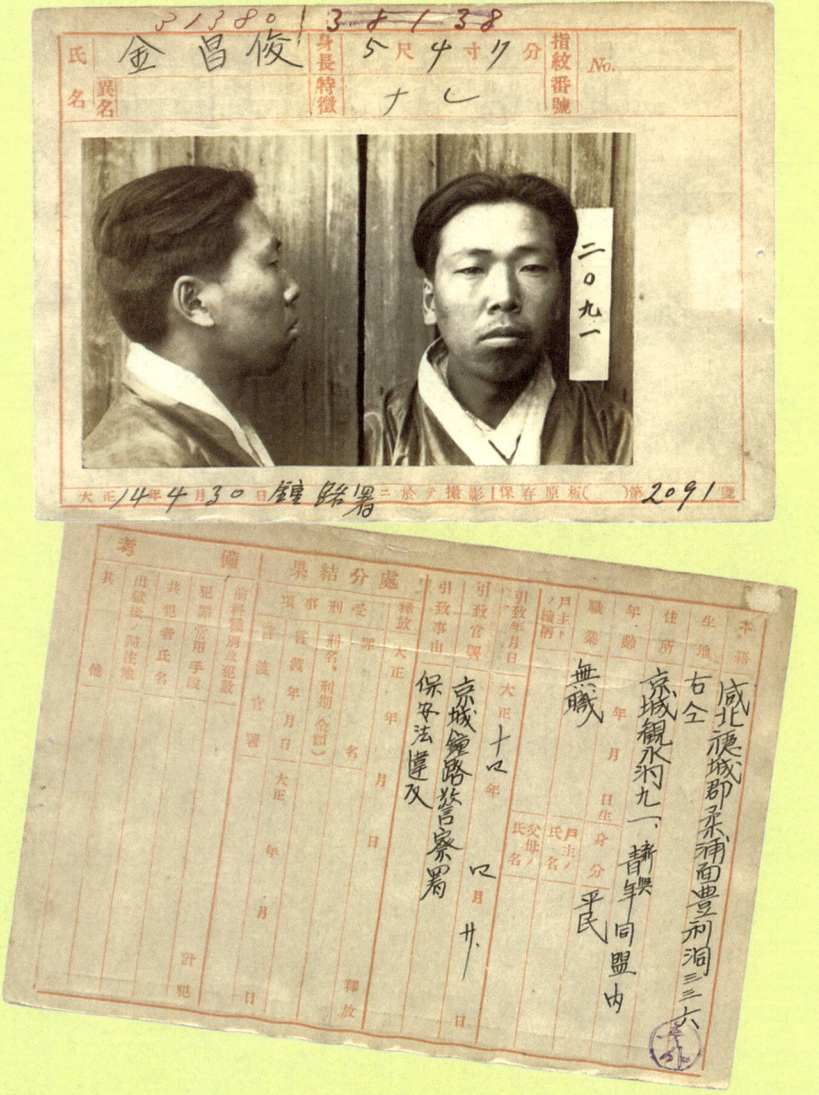

*1925년 2월 초순, 화요회에서 전조선민중운동자대회를 개최하겠다고 발표했다.*[1] 약자의 힘을 규합해 목소리를 높여 사회 구조를 개선하고자 하는 그런 사회운동이 조선에서 나날이 확대하는 상황인 건 분명한데, 각 분야가 나뉘어 있어 부분적으로만 회합이 이뤄지니, 전 조선 민중이 한번 크게 모여 토론할 자리가 필요하다는 명분이었다. 사회주의 같은 사상의 연구와 실천에 주안점을 둔 사상단체, 농민단체, 노동단체, 여성단체, 백정 차별 철폐를 추구한 형평단체 대표들이 만나 앞으로 어떻게 힘을 합쳐 운동을 펼칠 건지, 운동 방향은 어떻게 할 건지 얘기할 예정이었다. 말 그대로, "조선 민중의 새로운 생명[新生命]을 창조"하기 위한 대회였다.[2]

공산주의의 태두로 꼽히는 마르크스(Marx)의 생일이 화요일인 점을 따라 조직 이름을 지을 만큼, 화요회는 사회주의 실천에 앞장서는 단체였다.[3] 대회 개최 소식에 조선 전역의 수많은 단체가 호응했다. 참가 신청을 한 단체는 425개, 단체들이 파견할 대표자는 588명에 이르렀다. 대회 이면엔 조선의 사회운동 주도권을 누가 쥘 것이냐는 문제도 있어 대회 지지 세력과 반대 세력 사이에 패싸움이 일기도 했지만, 대회 준비는 척척 진행됐다. 4월 20일, 21일 이틀간 개최할 예정이었고, 대규모 인원 수용이 가능한 장곡천정(長谷川町, 지금의 소공동) 공회당을 대회 장소로 정했다. 경찰과도 접촉해 집회 허가 의향을 확인받았다.[4] 토의 내용 수위를 낮추고, 합법적 테두리 안에서 진행하리라 강조한 결과였다.

소식을 듣고 전국 각지의 인사가 경성으로 몰려들었다. 그중엔 함경북도 온성군 유포면 출신 김창준도 있었다. 김창준은 대회 참여 주요 단체 중 하나인 신흥청년동맹의 회원이었다. 신흥청년동맹 자체가 화요파 출신이 주도해 만든 청년 조직이었다. 김창준은 경성 관수동에 위치한 신흥청년동맹 회관에 머무르고 있었다. 대회 날이 당도하기까지 동료들과 교류하며 대회 참여 준비에 열을 올렸을 터였다. 또 엄중한 식민지 현실에서 이렇게 방대한 규모의 조선인 행사가 열린다는 사실에 가슴이 벅차올랐을 것이다.

그런데 대회 바로 전날인 1925년 4월 19일, 그것도 밤 10시에 경찰이 대회 금지를 통보했다. 1925년 4월 18일 오후 9시, 대회준비위원회 측이 최종적으로 집회 허가를 받기 위해 대회 일정 및 토의 사항을 경찰에 제출했는데, 경찰은 토의 사항을 문제 삼았다. 내용을 검토해 보니 공산주의를 목표하고 있더라는 것이었다.[5] 토의 사항을 보면 '공산주의'나 '혁명' 같은 내용이 명시되진 않았지만, 식민지 체제 모순이 지적될 게 뻔했고 향후 방침을 결정하는 과정에 거친 언사가 나올 가능성이 커 보였다. 일본 제국의회에서 사회주의 운동을 처벌할 목적으로 논의 중인 치안유

지법 실시에 반대한다는 내용도 담겼다.[6]

대회준비위원회도 당황했겠지만, 문제는 대회에 참석하고자 온 사람들이었다. 대회 금지 사실을 전달받은 사람은 거의 없었다. 1925년 4월 20일 오전 10시경, 장곡천정 공회당 앞에 300명이 넘는 대표자가 모여 웅성댔다. 대회 참석을 바라며 길게는 몇 주 전부터 경성에 올라와 기다리던 사람들이었다. 극도의 실망은 분노로 이어졌고, 응집된 에너지는 쉽게 사그라지지 않았다.

자초지종을 들으려 낙원동 대회준비위원회 사무소로 인파가 모이자,[7] 경찰 수십 명이 나타나 해산을 명령했다. 오후 4시 30분쯤엔 근처 파고다공원에 300명 인파가 모였다가 경찰에 의해 해산됐다. 계속해서 경찰의 저지를 받자, 사람들은 오후 6시경 남산 경성신사 쪽에 모여 항의 시위를 계획했다. 대회준비위원 전여종, 장순명 등이 모의하는 자리에 김창준도 참석했다.

오후 8시 반이 되자, 경성에서 제일 유명한 영화관 두 곳, 우미관과 단성사 앞에 사람들이 하나둘 모이기 시작했다. 우미관은 지금의 종각역 방향에, 단성사는 종로3가역 방향에 위치했는데, 둘은 약 500미터가량 떨어져 있었다. 오후 9시 우미관 앞에 100여 명이나 모였는데, 그렇게 경찰의 주목을 끌진 않았다. 이날 밤 종로 거리에 야시장이 열려 사람이 북적였기 때문이다. 오후 9시 15분 우미관 앞에서 시위가 시작됐다. 펄럭이는 붉은 기 세 개가 이목을 끌었는데, 검정 글씨로 "경찰의 무리한 압박에 반항하자"라고 적혀 있었다. 대구 청년 회원 신철수가 급히 준비해 온 깃발이었다. 붉은 기를 필두로, 시위대는 단성사 방향으로 향했다. 야시장의 군중이 합류하면서, 1,000여 명으로 불어났다. 시위 행렬 속에서 김창준은 계속해서 구호를 외쳤다.

**무산자 만세! 전조선민중운동자대회 만세!**

곧바로 달려온 경찰 50여 명이 무력으로 시위대를 제압했다. 구둣발로 걷어차고 몽둥이로 후려쳤다.[8] 시위대는 단성사 앞에 이르러서야 겨우 해산됐다. 이때가 밤 10시였다.

이 사건으로 김창준을 포함 여덟 명이 체포돼 재판을 받았다. 전여종, 장순명, 신철수는 징역 8개월, 김창준과 나머지는 징역 6개월에 집행유예 3년이 선고됐다. 죄명은 보안법 위반이었다. 그 뒤로 김창준은 조선공산당에 입당해 간부로 활동하다가, 1926년 조선공산당 검거 때 체포되어 징역 1년 6개월을 선고받고 재차 옥살이했다.[9]

### 3·1운동 7주년 기념을 선포하다
# 김기환

金基煥

1905. 10. 20~?

고려민족이여!
용감하게 날아오르자.
암흑으로부터 광명으로,
우리 이날을 기념하자.

| 1926년 7월 20일 서대문형무소에서 촬영 | 보안법·출판법 위반 | 징역 10개월 | 1926년 5월 24일 언도 | 입·출소 연월일, 형무소명 미기재 |

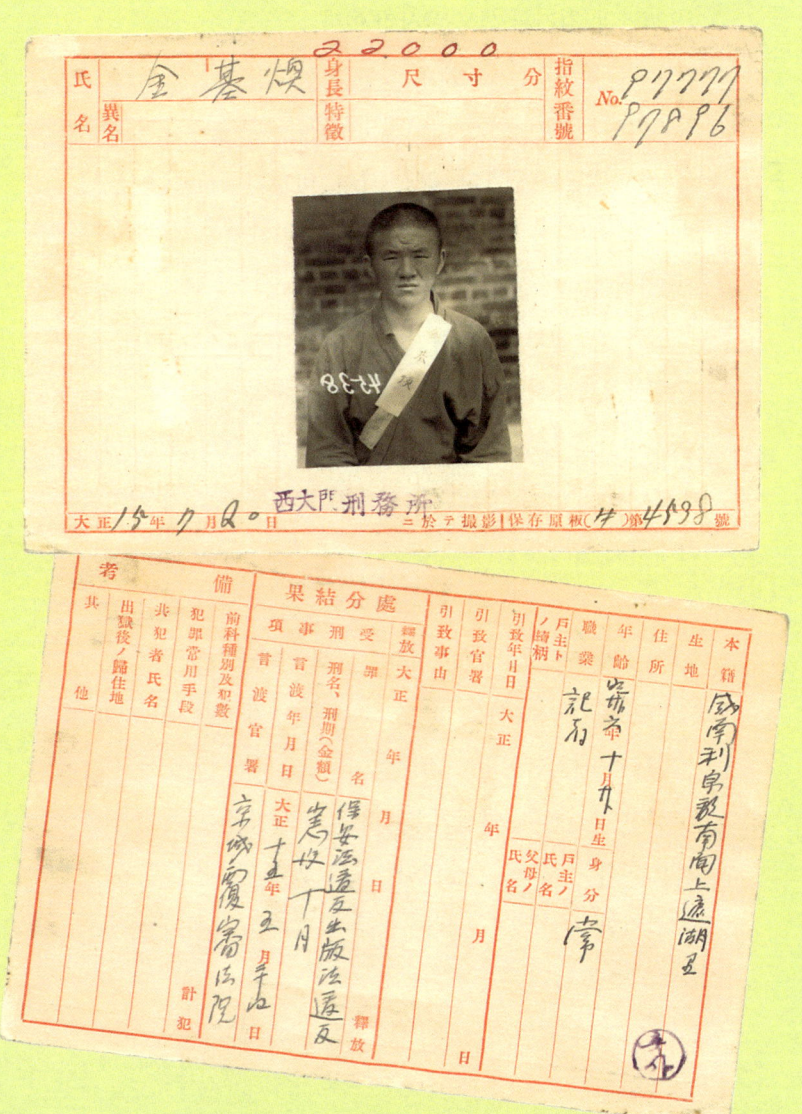

1919년 3·1운동이란 대사건을 경험하며, 조선인의 뇌리에 새겨진 충격과 기대는 그리 쉽게 사라지지 않았다. 7년이나 지났어도 말이다. 이를 보여 주는 강력한 증거가 바로 1926년의 '김기환 선포문 사건'이다.

김기환의 어린 시절에 대해선 함경남도 이원군 남면 상차호리에서 태어났다는 것 정도 외엔 알려진 정보가 거의 없다. 이원군은 함흥과 청진 사이, 바닷가에 늘어선 지역 중 하나로 '북청 물장수'로 유명한 북청 바로 옆에 있는 곳이다. 신문기자를 했다 하니, 김기환은 상당한 학력을 갖춘 것으로 생각된다. 1926년 초 무렵엔 《시대일보》 기자로 있었다. 《시대일보》는 1924년 최남선이 창간한 신문으로, 민족의 단합과 협동을 제일의 사명으로 내세웠다. 1925년엔 훗날 소설 《임꺽정》으로 유명해진 홍명희가 잠시 사장을 지내기도 했다.[1]

또한 김기환은 이원 지역 청년운동을 이끄는 핵심 인사였다. 1925년 3월 21일 차호청년회 제7회 정기총회에서 서무부 위원으로 선출된 점, 1925년 12월 2일 이원 지역 기자단이 개최한 이원기자대회에서 조사부 위원으로 선출된 점이 확인된다. 이원기자대회 결의 사항 중 하나가 대중운동을 적극적으로 원조한다는 것이었다.[2] 이런 이력을 보면 김기환은 식민지 현실을 아주 예민하게 느끼고 바라본 사람이었을 테다.

1926년 3월 1일이 다가오자 열혈 청년 김기환은 펜을 든다. 1919년 3월 11일에 이원군 남면 차호시장에서, 3월 12일엔 차호보통학교에서 1,000명가량의 군중이 참여한 만세 시위가 있었다고 하는데,[3] 자신의 동네에서 일어난 일인 만큼, 김기환은 당시의 뜨거운 열기를 그대로 간직하고 있었을 것이다. 그는 3·1운동의 기억을 소환해 식민지 현상 타파의 각오를 되새기도록 할 생각이었다. 그래서 함경남도 여러 청년단체에 글을 전달해 청년 동료들과 공유하고자 했다.

　1926년 2월 18일 자택에서, 김기환은 '선포문'이란 제목 아래 이렇게 썼다.

> 이번 3월 1일은 3·1기념일이다. 이날은 즉, 제8회의 신기록을 만든 백의의 순결한 고려민족이 모두 같이 감개와 의분에 가득 찼던 일을 기념하는 날이다. … 7년 전 이날, 우리는 고려의 깃발을 들고 상갓집 개만도 못한 망국의 치욕을 받은 일을 규탄했다. …
>
> 그 이래 여러 형식과 여러 방침으로 운동을 지속해 오고 있다. 그러나 오늘날 우리는 아직 독립의 만분의 일도 달성하지 못하고 나날이 굶어 죽어 가고 있다. …
>
> 오호라! 고려민족아! 우리의 피와 살을 먹는 일본! 세계 침략적 자본주의 동양의 야만스러운 개 일본 제국, 그 침략

**주의를 근저로부터 파멸하기 위해, 예리한 창을 날카롭게 연마해 고려민족의 대동단결을 견고히 하기 위해, 고려강산에 광명 있는 새로운 사회를 건설하기 위해 기념할 날이다. …**

**고려민족이여! 용감하게 날아오르자. 암흑으로부터 광명으로, 우리는 이날을 기념하자.**

조선 독립을 외친 1919년 3월 1일의 모습, 이후 독립 노력이 지속되고 있으나 지지부진한 상황을 짚고, 3·1운동을 기념하면 나타날 기대 효과 세 가지, 즉 일본 제국과 침략주의의 파멸, 민족의 대동단결, 광명 있는 새로운 사회 건설을 제시했다. 기자가 쓴 글답게 탄탄한 구성에 힘이 실린 문장이었다.

1926년 2월 22일 김기환은 집에서 선포문을 40통 정도 등사한 뒤, 2~3통씩 우편 봉투에 넣어 원산에 소재한 함남청년회와 다른 15개 단체에 우송할 준비를 마치고, 같은 날 밤 차호 우편소에 가서 편지를 넣고 돌아왔다.

하지만 불행히도 일은 뜻대로 되지 않았다. 편지가 일제의 감시망에 걸렸기 때문이다. 편지가 어떤 과정을 거쳐 감시자 손에 들어갔는지는 명확하지 않다. 아마도 우송 과정에서 검열됐을 것으로 추측되는데, 편지에 '관북 대중운동자'란 명의를 사용한 게 의심을 샀지 않았을까 싶다. 관북

(關北)은 함경남북도의 별칭으로, 대중운동자란 표현은 가뜩이나 불온 사회단체 문제로 골머리 앓던 당국자의 눈에 밟혔을 것이다. 게다가 한 달여 전쯤, 일제에 대한 직접적 무력 투쟁을 주장한 '허무당(虛無黨) 선언서' 약 200통이 우편으로 전국에 발송돼 발칵 뒤집힌 일이 있었다. 윤우열 등 아나키스트의 소행이었다.[4] 그러니 강도 높은 우편 검열이 이뤄졌을 게 분명했다.[5]

1926년 5월 24일 김기환에게 징역 10개월이 언도됐다. 보안법, 출판법 위반이었다. 함흥형무소에서 복역하던 김기환은 1927년 2월 8일, 감형으로 출옥했다. 이날 김기환을 포함 세 명이 함흥형무소에서 나왔는데, 어느 사회단체에서 준비한 자동차가 이들을 데리러 왔다고 전한다.[6] 김기환은 《중외일보》, 《동아일보》에서 기자 생활을 계속하며, 신간회 이원지회, 이원어업조합 운영에 관여했다. 그사이 집회 금지 조처를 내린 경찰에 항의하는 등의 일로 옥살이와 검속을 반복해 겪었다. 광복을 보지 못하고 1930년대 중반부터 1940년 이전 어느 시점에 사망했다.

6·10만세운동의 숨은 주역
# 홍종현

洪鍾顯

1890. 1. 3~1977. 1. 20

**대한 독립 만세!
동포여, 자유를 위해
피를 흘려 싸우자!**

| 1926년 6월 18일 동대문경찰서에서 촬영 | 보안법 위반 | 1926년 6월 15일 동대문경찰서 인치 | 형명, 기간, 연도 및 입·출소 연월일, 형무소명 미기재 |

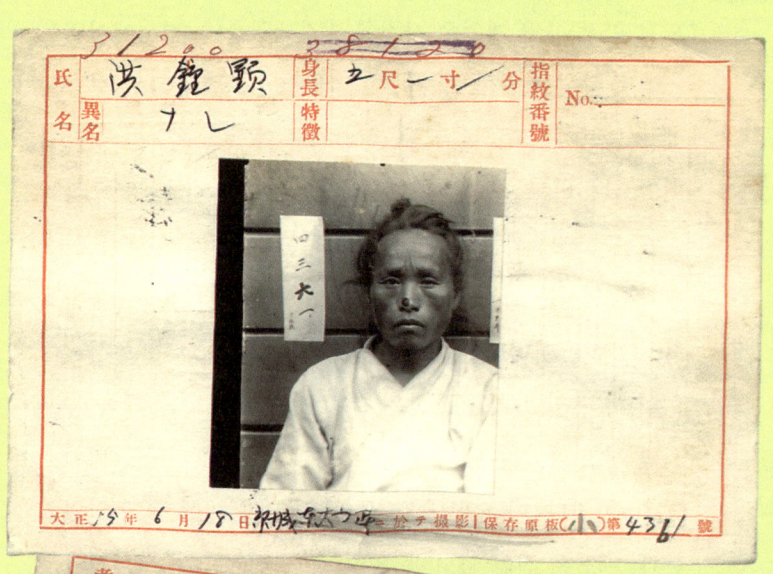

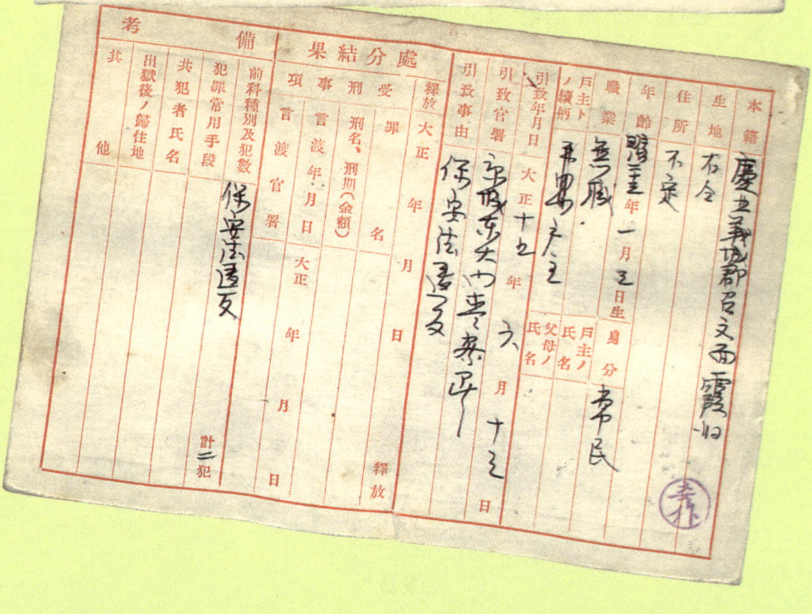

1926년 6월 10일, 순종 장례일을 계기로 6·10만세운동이 일어났다. 6·10만세운동을 얘기할 때면 주로 조선공산당, 천도교, 학생이 거론된다. 전국 단위의 조선공산당-천도교 합작 시위 계획은 사전에 발각되었으나, 경성에서의 조직적 학생 시위는 성공리에 전개된다. 그런데 그날 현장엔 혈혈단신으로 서울에 올라와 홀로 독립을 절규한 이가 있었으니, 바로 37세 홍종현이다.

경상북도 군위군에서 태어난 홍종현은 1926년에는 경상북도 의성군 조문면 하동에 거주하고 있었다. 5세에 누나를, 11세에 어머니를, 23세에 아버지를 여의었고, 농사꾼 형이 하나 있었다. 홍종현은 별로 배운 일이 없고 계속 농사만 짓고 살았는데, 망건 장사에 손대기도 했지만 잘되지 않은 것 같다. 아내와 아홉 살, 두 살 먹은 아들 둘이 있었는데, 재산은 전연 없고 논 3두락을 빌려 소작하는 처지였다. 먹고살기 빠듯한 작은 규모였다.

배운 것도 가진 것도 없었지만 홍종현의 독립 의지는 남달랐다. 조선 역사에 관한 책을 읽은 적도 있었는데, 수천 년 역사를 가진 대한제국이 타민족의 통치를 받는 현실에 분개했다. 홍종현은 생각을 행동으로 옮기는 데 능했다. 1919년 4월 12일 홍종현은 경상북도 영천군의 영천시장에서 태극기를 흔들며 독립 만세를 외쳤다. 지인의 도움을 받아 태극장을 그리고 '대한 독립 만세 군위 양곡(良谷) 종현'이라 쓴 붉은 천을 흔들며 시위를 주도했다. 수십 명이 시위에 동참했다. 이 일로 홍종현은 1년 징역을 살았다.

  1926년 4월 25일 순종이 사망했다. 장례일은 6월 10일로 발표됐다.[1] 소식을 들은 홍종현은 다시금 생각을 실천하기로 한다. 이번엔 자신이 직접 경성으로 올라가리라 결심했다. 많은 사람이 순종의 장례를 보러 경성으로 향한다고 하니, 이 기회를 살려 대한 독립의 기운을 충만케 하고, 군중을 공명시키지 못하더라도 자신의 독립 의지를 공표할 생각이었다. 1926년 6월 2일 집을 떠날 때, 가족에게 자세한 얘기는 하지 않았다. 말했다면 가는 길을 막을 게 뻔했다. 6월 8일 경성에 도착한 홍종현은 일단 숙소를 찾았다. 경복궁 옆 소격동의 여관에 갔지만 이미 만원이라, 여관이 소개해 준 근처 민가에서 숙박했다. 6월 9일 종로 거리에 나가 깃대와 깃발로 쓸 대나무와 종이를 샀다. 그리고 숙소로 돌아와 기를 제작했다. 대략 가로 1미터, 세로 40센티미터 크기였다. 태극기를 만들고 "대한 독립 만세! 우리 동포여, 우리는 자유를 위해 피를 흘려 싸우자!"라는 문구를 넣었다. 손가락을 깨물어 쓴 혈서였다.

  6월 10일 오전 8시 장례 행렬이 창덕궁 돈화문을 출발했다. 기마 경관을 선두로 5,000여 명의 긴 행렬이 움직였다. 훈련원에서 봉결식을 지낸 뒤, 행렬은 오후 1시에 동대문 밖을 나섰다. 50만에 달하는 군중이 빼곡한 가운데, 경성엔

군인 약 5,000명이 요소마다 배치되고 3·1운동의 시발점인 파고다공원엔 임시사령부 본부가 설치되었다.[2] 이날 홍종현은 대나무를 지팡이로 쓰고 종이는 품속에 넣어 동대문 밖으로 갔다. 장례 행렬이 오길 기다리며 휴대한 종이를 대나무에 연결했다. 채석장 입구, 지금의 지하철 동묘앞역 부근에서 기다렸다. 오후 1시 25분경 마침내 장례 행렬이 가까이 왔을 때, 홍종현은 기를 높이 올려 들고 인파를 헤쳐 나와 대한 독립 만세를 고창했다. 그러나 만세를 두 번쯤 부르자마자 지근거리에 있던 순사에게 붙잡히고 만다. 홍종현은 사람들이 호응해 주길 기대했다. 그러나 그를 체포한 동대문경찰서 순사의 증언에 따르면, 만세를 부르기 시작하자 군중이 사방으로 흩어졌고, 순사가 홍종현을 체포하러 다가갔을 땐 주변에 아무도 없을 정도였다고 했다. 애석한 일이었다.

체포된 홍종현은 귀가 성치 않을 정도로 혹독한 조사를 받았는데, 6월 18일 경찰의 심문에 이렇게 응했다.

**문: 그대는 언제부터 독립사상을 가지고 있었는가.**
**답: 한일병합 이래 생각하고 있었다.**
**문: 그대의 생각이 잘못되어 있는 것이 아닌가.**
**답: 독립할 힘이 부족할지 모르나 생각만은 버릴 수 없다.**

6월 25일 경성지방법원에서 열린 재판에서도 홍종현의 태도는 변함없었다.

> 문: 지금도 역시 독립사상을 가지고 있는가.
> 답: 그렇다.
> 문: 피고인이 감옥에 들어가면 처자가 가엾지 않은가.
> 답: 사회를 위해 활동하는 사람이니 처자는 어떤 처지에 빠져도 관계가 없다.

재판 막바지에 보안법 위반으로 징역 10개월을 구형하자, 홍종현은 흥분해 소리쳤다. "무슨 죄가 있기에 징역을 살란 말이오. 내가 사람을 죽였소? 물건을 훔쳤소? 나는 죄 없이 징역을 살 수 없소!" 몸부림치는 야단에 홍종현은 간수에게 끌려 나갔다.³ 최종 판결에서 징역 10개월을 선고받은 홍종현은 서대문형무소에서 옥고를 치른다. 이런 고생을 하고도 홍종현의 독립 의지는 꺾이지 않았나 보다. 1944년 말 보안법 위반 등으로 불기소 처분되었고, 1945년 5월엔 보안법 위반 등으로 징역 5년을 선고받은 기록이 확인된다.

## 신간회 익산지회 설립 작전
# 임혁근

林赫根

1898. 1. 3~1934. 6. 30

**기미운동이 파종기라면
신간회 운동은 수확기이다.
신간회를 피와 땀으로
강하게 지지하라.**

1928년 12월 14일
경찰부에서 촬영

치안유지법 위반 | 1928년 8월 25일
경기도경찰부 인치 | 형명, 기간, 연도 및
입·출소 연월일, 형무소명 미기재

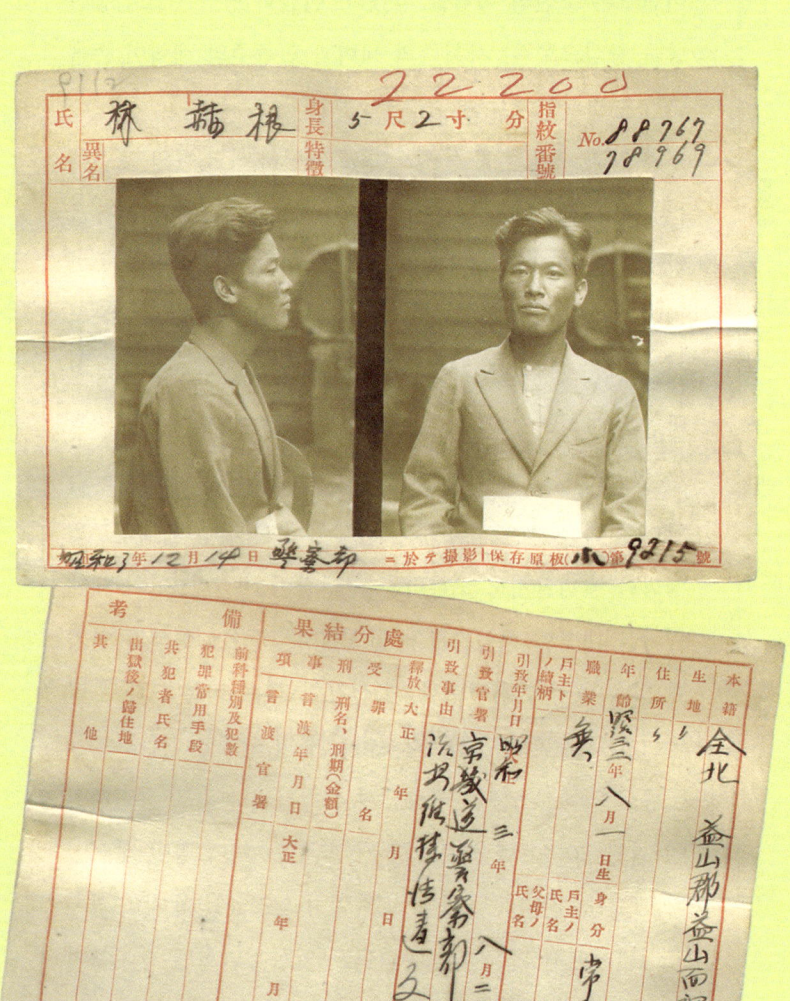

1927년 2월 15일 경성에서 신간회가 창립됐다. 공개적 활동을 위해 일제 통제를 따르는 합법단체를 표방했으나, 이면으론 조선의 독립을 꾀했다. 신간회 창립은 조선공산당을 중심으로 한 사회주의 세력과 민족주의 세력이 손을 맞잡은 결과였다.

전 세계 혁명운동을 지도하고 지원하는 소련의 코민테른은 1926년 조선공산당을 승인하면서 민족통일전선을 강조했다. 부르주아 민족주의 세력이 무산자의 적인 건 맞지만, 일단 힘을 합쳐 공동의 적을 타파하는 게 먼저란 이야기였다. 민족주의 세력도 민족 역량을 한 곳으로 집중할 방법을 고심하고 있었다. 1925년 일제의 보통선거 도입으로 일반 민중이 의회로 진출할 길이 열리고, 특히 무산 정당이 의회 진출을 꾀하면서, 일제의 정치 지형이 제국주의 성향을 탈피할지도 모른다는 기대감이 생겼다. 이런 때에 민족을 대변할 중심기관이 필요했다. 그렇게 이해가 일치한 양측이 합작해 탄생한 게 신간회였다.[1] 이름 그대로 민족의 새로운(新) 가지(幹)를 솟아나게 할 단체였다.

종로 기독교청년회 대강당에서 개최된 신간회 창립대회엔 회원 200여 명을 포함한 방청객 1,000여 명이 참석했다.[2] 그중엔 전라북도 익산 사람 임혁근도 있었다. 지역 기독교청년회에서 활동하던 임혁근은 익산청년회에 참여하면서 사회주의 사상을 수용한 것으로 추정된다. 그는 1920년대 중엽부터 익산의 사상단체인 갑자연구회, 전북민중운동자동맹, 공산주의자 조직 고려공산동맹, 전북노동연맹, 조선공산당까지 점점 활동 범위를 넓혀 간 이력이 확인된다. 신간회 창립 두 달 전엔 조선공산당 대회에 전라북도 대표로 참석할 정도로 이름난 익산의 사회주의자였다.

이때 임혁근은 신간회 선전부 상무간사 송내호로부터 익산에 신간회 지회를 설립하자는 권유를 받는다. 송내호는 3·1운동 이후 만주로 건너가 항일무장단체 대한독립단에서 활동한 이력이 있는 사람이었다.[3] 1912년 호남선 개통으로 형성된 신도시 익산은, 교통 거점으로 물자와 사람이 몰리며 1926년엔 인구가 12만 명을 웃돌았다. 신간회 본부로서도 빠른 세력 확장을 위해 익산 같은 도시에 지회를 설치하는 게 시급하다고 판단한 것 같다.

익산으로 돌아온 임혁근은 신간회 익산지회 설립을 총괄했다. 우선 준비위원회를 꾸리고, 1926년 4월 17일에 제1회 위원회를 열어 36명의 회원을 얻고, 제2회 때는 신간회 본부에 가입을 신청하고, 제3회 때는 설립대회 일자와 장소를 정했다. 아울러 되도록 많은 사람이 참여하도록 신간회 익산지회의 설립 목적과 강령을 담은 선전물을 인쇄해 널리 배포하기로 결의했다. 6월 27일 이른 아침, 선전물 원고 작성을 맡은 준비위원 배헌이 완성 원고를 들고 왔는데, 이런 내용이 담겼다.

**우리 전 민족 각 층의 항쟁 요소를 추출, 집중하여 최후의 결전을 단행하지 않으면 안 된다. 이 같은 시대적 요구에 순응하고 우리 역사적 사명을 수행하기 위해서 이천만 대중의 열망과 애호 속에서 1927년 2월 15일 나팔소리를 발한 것이 즉 신간회이다. … 신간회 운동의 목적은 우리 전 민족운동사상 새 기원을 긋는 데 있고, 기미운동과 병칭할 만한 중대한 의의를 가지고 있다. 기미운동이 파종기라면 신간회 운동은 수확기이다. 이천만 민중이여, 신간회를 피와 땀으로 강하게 지지하라.**

조선의 독립을 명시하진 않았지만, 누구라도 이 글을 읽으면 조선 독립을 부르짖고 있다는 걸 알 수 있었다. 신간회 운동이 기미운동과 아울러 일컬을 만한 의의를 지닌다고 했는데, 기미운동은 1919년 기미년 3·1운동을 가리키는 것이니, 신간회 운동이 조선 민족의 대사건 3·1운동과 비견될 정도로 중요하다는 말이었다. 3·1운동이 조선인에게 독립사상을 심은 파종기였다면, 신간회 운동은 그 열매를 거두는, 독립을 성취할 수확기였다. 그러므로 신간회를 강력히 지지해 주길 요청했다. 1913년에 만주 신흥무관학교에서 수학했다는 배헌의 기백이 나타나는 문장이었다. 같은 날 임혁근은 500부를 인쇄하고, 약 60부를 편지 네 통에 나눠 익산의 동료들에게 발송하는 한편, 다음 날엔 사람을 써 300여 조선인 가구에 배부했다.

경찰은 준비위원회 사무실을 수색해 남은 선전물을 압수하고, 임혁근, 배헌, 임영택을 호출해 구금했다. 당연히 설립대회 개최도 금지했다.[4] 전주지방법원 군산지청은 '제령 7호'와 출판법 위반으로 임혁근에게 징역 1년 6개월을, 배헌과 임영택에게 징역 1년을 선고한다. 그러나 대구복심법원에서 원판결을 뒤집고 임혁근과 배헌에게 50원, 임영택에게 30원의 벌금형을 선고한다. 재판부는 선전물에 정체(政體)를 변혁하거나 국헌을 문란케 하려는 취지는 없다고 봤다. 허가받지 않은 인쇄라는 점만 출판법에 저촉된다고 했다. 신간회가 일제 당국으로부터 허가를 받은 합법단체라는 사실, 조선 독립을 목적으로 했다는 심증은 있지만 명시된 표현이 없다는 사실이 영향을 준 것으로 보인다.

1928년 2월 23일, 세 사람이 풀려나 익산 이리역에 도착했을 때, 수천 인파가 몰려나와 환영했다. 도착 후 세 사람은 씩씩한 얼굴에 눈물 섞인 웃음을 지었다고 전한다.[5] 다만 신간회 익산지회는 결국 설립하지 못했다. 이후《중외일보》기자 등 활동을 이어가던 임혁근은 조선공산당 관련자로 검거되어 1930년 징역 5년을 언도받았고, 모진 옥살이 도중 사망한다.

## 식민지 노예 교육에 맹휴로 항거하다
# 정동화

鄭東華

1905. 1. 21~1949. 9. 8

조선인 본위의 교육을
실현하기 위해
조선인 교원을 다수 채용하고
조선 역사와 조선어 문법을
가르칠 것.

1931년 6월 13일
용산경찰서에서 촬영

치안유지법 위반 | 형명, 기간, 언도 및
입·출소 연월일, 형무소명 미기재

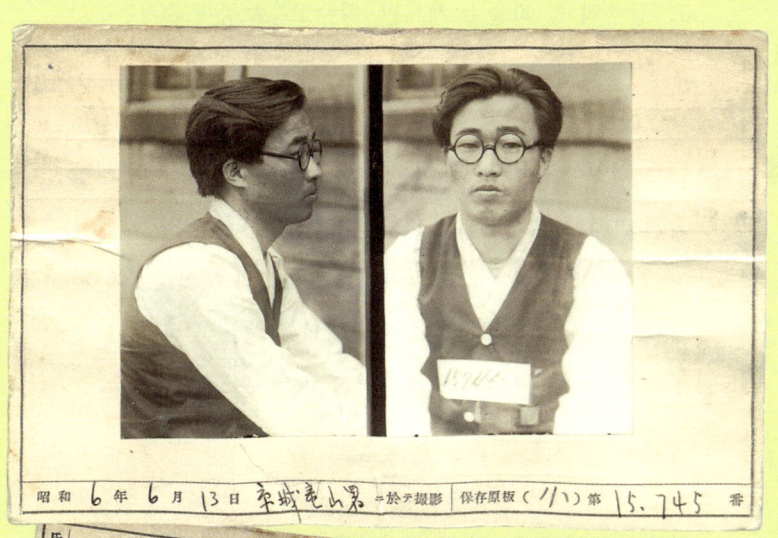

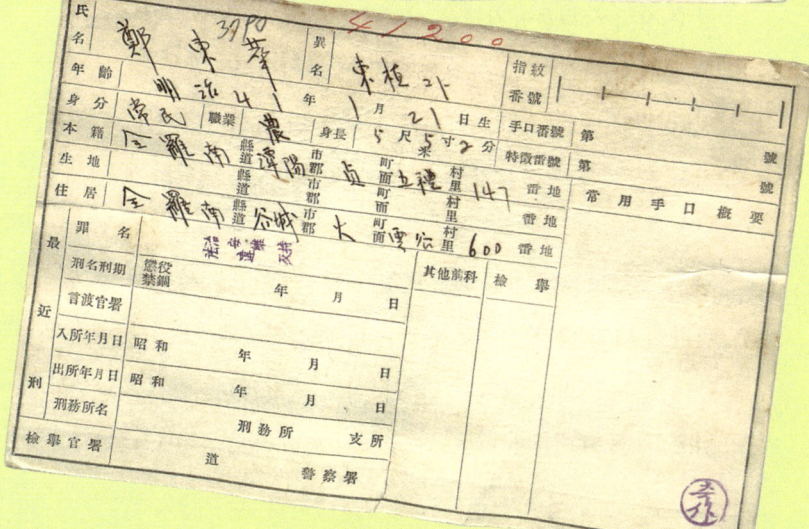

1928년 4월 12일, 전라남도 광주 곳곳에서 괴문서가 발견됐다. '선언서'라는 제목으로 무산계급 결사적 단결, 자본주의 사회 파괴, 지배계급 파괴 같은 문구가 쓰여 있었고, 광주역 앞 파출소 게시판, 광주고등보통학교(광주고보) 앞 전봇대, 송정리역 앞 전봇대, 송정리 신사 내 게시판 등 사람들이 잘 다니는 16개 장소에 부착돼 있었다. 그게 끝이 아니었다. 전라남도 내 각 중등학교, 경찰서 등지로 발송한 편지가 발견된 것이다. 편지엔 "프롤레타리아 제군들이여, 빨리 긴 잠에서 깨어나라. 전 세계의 무산계급과 함께 국제적으로 단결하여 해방전쟁의 동맹을 맺는 것은 프롤레타리아의 광영이며 특권이다"라는 공산주의 선동 문구가 적혔고, 심지어 인간은 동등하다며 일본 천황의 신성성까지 부정했다.[1] 경찰은 경악했다. 가용 경력을 총동원해 광주 지역 사회운동가들을 잡아들였는데, 수사가 진행될수록 초점은 이경채 등 청소년 세 명에게 향했다.[2]

이경채는 광주고보 5학년에 재학 중인 학생이었는데, 여기서 학교 측의 적절치 않은 조치가 이뤄진다. 6월 8일 이경채가 검거되고 이틀 뒤, 일본인 시라이 기이치(白井規一) 광주고보 교장이 이경채를 퇴학 처분한 것이다. 아직 법적 판결이 나지 않은 상황에서 섣불리 내려진 퇴학 조치는 광주고보 학생들의 격렬한 반발을 불러일으켰다. 6월 22일 정동화 등 5학년 학생들은 이경채의 퇴학 이유를 밝히라고 학교 측에 요구했다. 학부모 회의도 소집됐지만, 학교에선 별다른 수습책을 내놓지 않았다.

6월 26일, 참다못한 2~5학년 학생들은 동맹휴학(맹휴)을 선언했다. 학교로선 학사 계획에 차질을 빚을 뿐 아니라 학교 평가와도 연결돼 향후 운영에 막대한 지장이 생길 수 있었다. 학생들은 학교에 진정서도 제출했는데, 교장의 반성과 몇몇 교사의 사직 등과 함께 '조선인 본위의 교육을 실현하기 위해 조선인 교원을 다수 채용하는 동시에 조선 역사와 조선어 문법을 가르칠 것'을 요구했다. 이경채의 퇴학으로 시작된 맹휴였지만, 그 근저엔 식민지 교육에 대한 불만과 민족 감정이 자리했다.

그러나 학교는 강경했다. 다음 날 맹휴를 주도한 정동화 등 27명을 퇴학시키고, 맹휴에 참여한 281명을 무기 정학시켰다. 학교 기강을 바로 세운다는 이유를 들었다. 학생들도 물러서지 않으면서 강 대 강 대치가 이어졌다. 졸업생과 학부모 들이 나섰지만 해결책을 찾지 못한 데다, 여기에 자극받은 광주농업학교까지 맹휴에 돌입하며 사태는 걷잡을 수 없이 나빠졌다.

7월 10일 정동화 등을 주축으로 맹휴중앙본부가 설치됐다. 단순히 등교 거부에 그치는 게 아니라, 지도부를 구성해 구체적인 운동을 벌일 생각이었다. 나이는 어렸지만 엉성하지 않았다. 참모부, 통신부, 회계부, 경비부, 외교부 등

부서를 둘 정도로 체계를 갖췄다. 이즈음 광주고보 1학년 생도 맹휴에 동참한다. 학교는 서약서를 제시했다. 아마도 재발 방지를 서약한다면 징계를 철회하겠다는 회유였을 것이다. 학교에 순응하고 돌아갈 것이냐, 요구가 관철될 때까지 끝까지 버틸 것이냐의 싸움이었다.

맹휴중앙본부의 역할은 싸움에서 후퇴하지 않도록 맹휴 참여자와 학부모 들을 설득하는 데 중점을 둔 것으로 보인다. 회비를 모아 선전물을 만들어 배부했다. 정동화가 참여해 작성한 선전물의 내용은 다음과 같다.

> **학부형 여러분 … 중에는 자제를 강압하여 서약서를 제출하고, 퇴학을 통쾌하다고 하며 학교 당국과 경찰서에 우리의 내부 사정을 밀고하는 사람이 있는데 … 생각해 보라. 자기 자식의 행복 때문에 우리 일동과 투쟁하여 망하는 길로 가고, 민족을 팔아 빼앗는 길로 가고, 강산을 팔아 이로써 자기 개인의 향락을 얻을 것인가.** ('광주고보 생도 일동 통고문', 7월 16일)

> **한일병합 이래 18년 동안 우리 민족은 일본 제국주의의 말발굽 아래에서 극도로 짓밟혔다. … 광주고보 시라이 교장은 조선총독부 식민지 노예 교육 정책의 전형적 이행자로서 … 소위 폭압과 기만으로 자기 계급을 옹호하는 데**

**필요한 충실한 노예와 집 지키는 개, 앞잡이를 양성하는 데 급급함을 보건대, 우리 400여 명의 형제는 절체절명이라고 하지 않을 수 없다.** ('광주고보 동맹휴교단', 8월 초순)

간절한 호소에도 불구하고, 길어지는 싸움에 지치는 학생이 나타났다. 홍종헌이란 2학년 학생이 배신자로 찍혀 다른 학생에게 폭행을 당하는 일도 벌어졌다. 가해 학생은 곧바로 체포됐다. 공립 학교의 정상 운영이 방해되고 폭행 사건까지 벌어지니 경찰이 개입했다. 8월 20일경 고등계 형사들이 포함된 특별 수사진이 맹휴 주모자에 대한 대대적 검거에 나선다. 그 와중에 정동화는 서약서 제출을 목적으로 학부모 모임이 개최된다는 소식을 듣고, 8월 30일경 동료들과 해당 학부모들을 열거하며 박살 내겠다고 쓴 선전물을 살포하기도 했다. 끝내 지도부가 모두 검속되면서 동력을 상실한 광주고보 맹휴는 중단될 수밖에 없었다.

이 사건으로 정동화는 1928년 10월 5일, 징역 10개월을 선고받는다. 10월 12일 사건의 도화선이 된 이경채도 징역 1년 6개월을 선고받는다. 1929년 5월 8일 출옥한 정동화는 이후 조선청년총동맹 전남연맹, 곡성청년동맹, 옥과노농회 등에서 청년·노동운동을 이어갔고, 1934년 치안유지법으로 징역 2년을 선고받은 점이 확인된다.[3]

# 천황 사진을 빨갛게 칠하다
# 이도원

李道元

1915. 2. 17~?

**계급의식에 눈을 뜬
전위투사를
양성합시다.**

1933년 1월 15일  
서대문형무소에서 촬영

불경·치안유지법 위반 |  
징역 2년 집행유예 5년 |  
1933년 2월 16일 입·출소 | 언도일 미기재

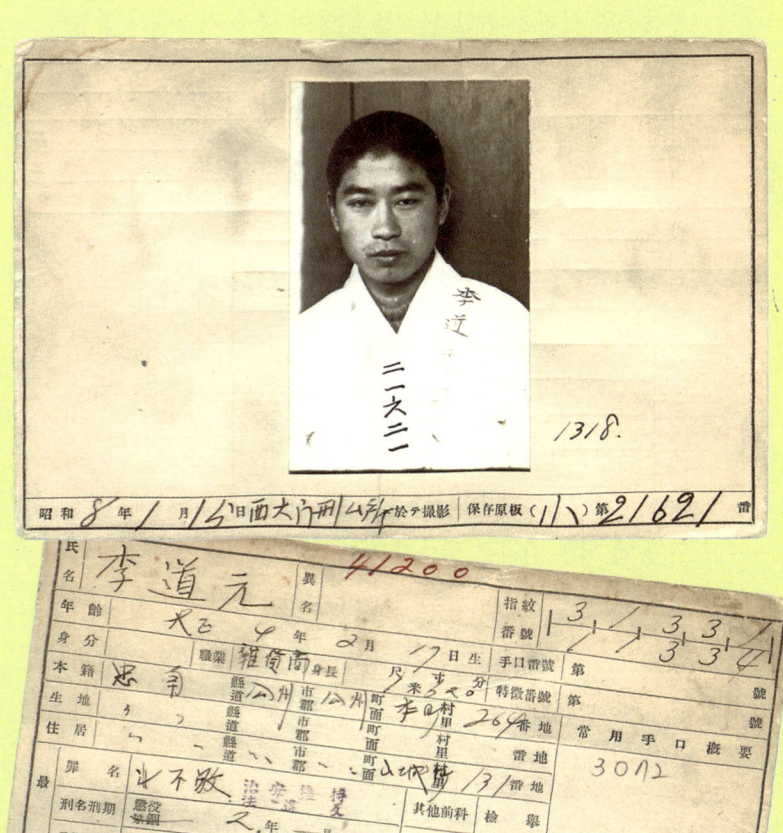

1933년 경성복심법원의 '공주 적색비밀결사 사건' 판결 내용을 보면 눈에 띄는 부분이 있다. 우선 사건에 대해 얘기 하자면, 공주보통학교 출신 친구 다섯이 의기투합하여 공산주의 실현을 위한 모임을 만들어 공주 지역에서 활동하다가 발각된 사건이다. 지역 청소년들과 교류하며 사회과학 지식을 나누고, 땅 빌려 농사짓는 소작농의 소작쟁의를 지도했으며, 공주의 상점 점원 노동자 단체를 조직하는 한편, 충남도청에 근무하던 한 여성 전화 교환수와도 연계해 여성운동을 펼치려 한, 꽤 주목받은 사건이었다.[1]

공주고등보통학교(공주고보) 2학년 때 중퇴하고, 1931년 봄부터 산업 합리화, 노동계급에 관심 갖고 책을 구해 탐독하던 이도원. 공주고보 2학년을 다니던 중 학자금이 부족해 중퇴하고, 1931년 9월경부터 《동아일보》에 게재된 농업 이론 기사를 읽다가 사회주의 공부를 시작한 구자명. 1930년 7월 동맹휴교 주모자로 공주고보 2학년 때 퇴학당한 뒤 프롤레타리아 경제학과 정치학에 몰두한 박명렬. 공주보통학교를 졸업하고 상급학교에 가고 싶었지만 돈이 없어서 날마다 공주도서관에 다니며 사회문제를 다룬 책을 읽었던 안병두. 공주보통학교 6학년 때 중퇴한 후, 1931년 10월경부터 마르크스 경제학을 탐구한 이영근. 이 다섯 명이 그 주인공이었다.

다들 집안일을 돕거나 상점 종업원으로 일했을 만큼 생

계가 어려웠다. 최근 기자가 된 안병두의 처지가 그나마 조금은 나은 정도였다. *1931년 후반*, 서로 대화하며 모두 공산주의를 열망한다는 사실을 깨달았다. 이도원은 구자명과 공주 내 상점 점원의 단체 조직을 모의하고 있었고, 안병두와 박명렬은 소작쟁의에 참여하며 농민조합을 꾸리려던 상황이었다. 다섯은 실천 모임을 만들어 활동에 나섰다. '계급의식에 눈을 뜬 전위투사를 양성'해 함께 활동할 동지를 모을 계획이었다.

나름 주기적으로 사상교육도 했지만, 얼마 못 가 경찰에 걸리고 말았다. 이들의 활동이 그렇게 큰 영향을 끼치지 않았다고 판단했는지, 법원은 안병두를 제외한 네 명에게 징역 2년에 집행유예 5년을 선고했다. 공주소년동맹 집행위원장 등을 역임하며 전부터 사회운동을 활발히 펼쳐 온 안병두에겐 징역 2년이 내려졌다.

다섯 사람에게 치안유지법 위반이 적용됐다. 사유재산제도를 부인한 죄였다. 그런데 이도원에겐 특이한 죄목이 하나 더 붙었다. 불경죄였다. 판결문에는 이렇게 판시됐다.

**피고 이도원은 공주보통학교 6학년 재학 중 쇼와(昭和) 3년 가을 월일 불상 무렵, 같은 학교 6학년생 교실에서 참고서인 《국사의 신연구(國史ノ新研究)》에 실린 도요토미 히데요시(豊臣秀吉)의 조선 정벌 기사를 보고, 일본에 대해 반감을**

**품었고 가지고 있던 붉은색 연필로 그 책에 게재된 천황 폐하, 황후 폐하의 각 사진을 칠해 욕되게 하여 불경의 행위를 하고 …**

1928년 가을, 공주보통학교 6학년생이던 이도원은 교실에서 참고서를 읽고 있었다. 이때 국사란 일본사를 의미하는 것이니, 일본사의 새로운 연구 경향을 반영한 참고서였던 것 같다. 거기엔 도요토미 히데요시가 조선을 침략한 임진왜란 내용이 있었다. 이걸 읽고 분을 참지 못한 이도원은 일본 제국 천황과 황후의 사진이 있는 페이지를 펼쳐 붉은색 연필을 들고 원래 뭐가 있었는지 모를 정도로 도말했다. 이런 아주 사적인 일이 어떻게 밝혀진 걸까. 추측하기로는 '공주 적색비밀결사 사건'을 수사하던 경찰이 용의자 자택이나 자주 드나들었던 장소를 수색하는 와중에 이도원의 참고서를 발견한 게 아닐까 한다. 이도원이 그랬다는 사실을 확인한 경찰은 법리 검토 후 불경죄 의견으로 검사 측에 넘기고, 검사도 공소장에 불경죄를 기입한 것이다.

당시 일본 제국 형법은 황실에 대한 죄를 규정했는데, 제74조에 "천황, 태황태후, 황후, 황태자 또는 황태손에 대한 불경한 행위를 한 자는 3월 이상 5년 이하의 징역에 처한다. 신궁 또는 황릉에 대해 불경한 행위를 한 자도 동일하다"라고 되어 있었다. 대체 불경의 범위가 어디까지인지

불분명했다. 이런 부류의 법이 가지는 범죄 요건, 다시 말해 다른 사람에게 알려져야만 범죄 행위로 성립되는 공연성에 관한 단서도 달지 않았다. 말 그대로 "광범위한 행위를 대상으로 자의적인 법 집행이 가능"한 조항이었다.[2]

그저 어린 학생이 화난 마음에 사진을 색연필로 칠한 것이었지만, 일제의 입장에선 결코 용납할 수 없는 행동이었다. 만세일계(萬世一界) 현인신(現人神), 지금까지 단 한 번도 혈통의 끊김이 없이 내려온, 인간의 모습으로 세상에 나타난 신, 천황. 그런 천황의 사진을 이도원은 색연필로 벅벅 칠했다. *1928년의 이도원 천황 사진 도말 사건은 일제시기 청년들이 어떻게 민족의식을 품었는지, 그들의 사회주의 활동 이면에는 어떤 감정이 자리하고 있었는지 잘 드러내는 사례다.*

이도원은 비록 집행유예 선고를 받았지만, *1932년 3월부터 구속 상태여서 복심법원 판결이 나온 1933년 2월 16일에야 풀려났으므로 약 11개월간 옥살이를 한 뒤였다.*[3]

시정 고발 연극을 상연하다
# 최국봉

崔國奉

1910. 9. 21~?

**불쌍한 화전민을 보시오,
이런 정치가 옳습니까!**

| 1930년 1월 27일 서대문형무소에서 촬영 | 보안법 위반 | 징역 6개월 | 1930년 1월 20일 입소 | 1930년 6월 6일 출소 | 언도 연월일, 형무소명 미기재 |

함경북도 성진군. 지금은 북한 초기 지도자 김책의 이름을 따 김책시로 불린다. *1929년 9월 16일*, 성진군 학중면 청년 여럿이 한 공간에 모였다. 성진청년동맹 학중지부 집행위원 여성종, 허양복, 허위길, 학중지부원 최국봉 그리고 몇몇 청년이 자리했다. 장소는 허위길의 집이었다. 학중지부에서 교양 사업을 담당하던 이들은[1] 이틀 뒤인 *9월 18일* 추석날을 기해 연극 공연을 하기로 한다. 연극 제목은 〈갑산 화전민〉. 설명을 들은 최국봉은 자신이 일역을 담당하겠다고 나섰다.

연극을 하려면 규정상 경찰에 사전 허가를 받아야 했지만, 사회의 아픈 부분을 꼬집고 일제 당국의 불합리한 처사를 지적하는 내용이기에 신고하지 않았다. 비밀리에 근처 제방 위에 무대가 가설됐다. 이틀 남짓한 짧은 시간 동안 준비를 마친 공연은 *1929년 9월 18일* 오후 8시경 막을 올렸다. 해가 진 뒤라 캄캄한 시각이었다. 즐길 거리가 많지 않던 시절, 공연 소식을 듣고 많은 관객이 모였다. 무려 *300명*가량 되었다 하니 성황을 이뤘다고 할 수 있었다. 두 시간에 걸쳐 최국봉과 청년들은 열연을 펼쳤다.

〈갑산 화전민〉의 내용은 이랬다. 주인공은 조선 남부에 사는 소작인으로, 홍수와 가뭄으로 작황이 나빠져 소작료를 낼 수 없는 지경에 이른다. 소작료라 함은 땅 주인의 땅을 빌려 사용한 대가로 내는 것인데, 땅을 쓰고 소작료를 못 낸다면 빚을 진 것과 같았다. 지주는 사정을 봐줄 생각이 없었다. 오히려 주인공의 재산을 차압하고 소작권을 도로 빼앗았다.

살 집도 없어 거리에 나앉은 주인공은 북쪽 험한 개마고원으로 향한다. 함경남도 갑산군 깊은 산골짜기로 들어가 화전민으로 살 작정이었다. 숲에 불 질러 타고 남은 재의 영양분으로 농사짓고, 양분이 소진되면 또다시 근처에 불을 내 농사짓는 화전민은, 빈손인 주인공이 택할 수 있는 마지막 방법이었다. 그렇게 작은 집을 짓고 근근이 입에 풀칠하며 살던 어느 날 공무원인 삼림 주사가 찾아와서 하는 말이, 당신은 현재 국유림에 들어와 살고 있고 삼림령을 위반하고 있다는 것이었다. 법이 그렇다니 어쩔 수 없었다. 결국 집이 불태워지고 주인공은 추방당하며 연극은 막을 내린다.

얼마나 실감 나게 연기했는지, 관객들은 주인공의 처지에 깊이 이입했다. 주인공의 재산이 차압을 당하는 장면, 집이 불타는 장면에선 객석에서 이런 말들이 튀어나왔다.

**차압을 하고 내쫓으면 어디로 가라는 것인가!**

**이런 정치가 어디 있느냐! 산림 간수자는 무대에서 내려와라!**

아주 성공적인 공연이었다. 무산자가 계속 가난하게 살 수밖에 없는 불합리한 사회 구조를 보여 주고, 이를 해결하긴커녕 되레 상황을 악화시키는 일제 당국의 시책을 고발하는 메시지를 분명히 전달한 듯했다.

사실 〈갑산 화전민〉은 1929년 4월에 실제 발생한 '갑산 화전민 사건'을 모티브로 제작된 연극이었다. 일제가 한반도의 국유림을 경영하는 데 있어, 화전민은 거슬리는 존재였다. 자꾸만 국유림을 불태워 훼손했기 때문이다. 1911년 '삼림령'을 내세워 삼림 방화를 죄로 규정하긴 했지만, 연극에서 보여 준 것처럼 농민들이 원치 않는 상황으로 내몰려 화전민이 되는 경우가 늘어만 갔다. 조선총독부는 화전민의 새로운 정착지를 물색하고, 불태워 만든 경지여도 같은 장소에서 밭으로 유지할 수 있다면 계속 경작하게 하는 식으로 관리책을 마련하긴 했으나, 외려 단속 과정에서 나타난 현장의 분위기는 가차 없어서 화전민의 거친 반발을 불렀다. 대표적인 게 바로 '갑산 화전민 사건'이다.[2]

1929년 4월, 갑산군 보혜면 대평리 지역의 화전민촌에 국유림 관리를 담당하는 관청인 영림서 관리들이 찾아와 추방을 통보했다. 화전민들이 거세게 저항하자 6월 16일부터 5일간, 영림서 직원 6명과 경찰 11명이 합세해 물리력을 행사했다. 가옥 63채가 불타고 3채가 파괴되었으며 농작물이 짓밟혔다. 주민 수백 명의 삶의 터전이 그대로 무너졌다. 신문에 사건 소식이 실리면서 공분이 일었고, 신간회에선 중앙집행위원 김병로를 파견해 진상조사를 벌여 총독부에 항의하기까지 했다. 각계의 노력이 더한 끝에 총독부는 피해 화전민의 타 지역 이주를 약속한다.[3]

성진청년동맹 학중지부의 청년들도 이 사건을 매우 심각히 인식했을 것이다. 연극으로 재구성할 수 있을 정도로, 사건에 관한 상당한 연구를 병행했으리라. 마을 사람들의 의식 향상을 도울 좋은 소재감이었다. 그러나 1929년 추석날의 〈갑산 화전민〉 연극을 두고, 일제는 예민하게 반응했다. 최국봉을 포함해 연극을 계획한 청년들은 곧 경찰에 검거됐고 재판에 넘겨졌다. 재판부는 연극 상연 행위를 두고, 정치에 관한 불온한 언동으로 치안을 고의로 방해했다고 판단했다. 1930년 1월 20일 최국봉은 보안법 위반으로 징역 6개월이 선고된다.

최국봉은 출옥한 뒤에도 성진에서 농민운동을 지속했다. 1931년에 창설된 성진농민조합에 참여했으며,[4] 1934년 10월에 치안유지법 위반으로 징역형이 선고돼 재차 옥고를 치렀다.[5]

당진 학생들이여, 만세를 부르자
# 임종만

林鍾萬

1892. 8. 21~1933. 1. 29

광주학생운동
소식을 들었소?
우리 당진에서도
학생 시위를 일으켜 봅시다.

1932년 3월 24일
서대문형무소에서 촬영

치안유지법 위반 | 형명, 기간, 언도 및
입·출소 연월일, 형무소명 미기재

昭和 7年 3月 24日 西大門刑務所 ＝於テ撮影 保存原板（11）第 17736 番

氏名 林鍾萬
異名 3742
年齡 明治 26年 8月 21日生
身分
職業 農
身長 尺 寸 分 米
指紋番號
手口番號 第
特徵番號 第 號
本籍 忠南 縣道 唐津 市郡 新平 町面 富坐 村里 714 番地
生地 〃
住居 〃 縣道 市郡 町面 村里 番地
縣道 市郡 町面 金川 村里 920 番地
常用手口概要
最近刑
罪名 治安維持法違反
刑名刑期 懲役 禁錮 年 月 日
言渡官署
入所年月日 昭和 年 月 日
出所年月日 昭和 年 月 日
刑務所名 刑務所 支所
其他前科
檢擧
檢擧官署 道 警察署
188

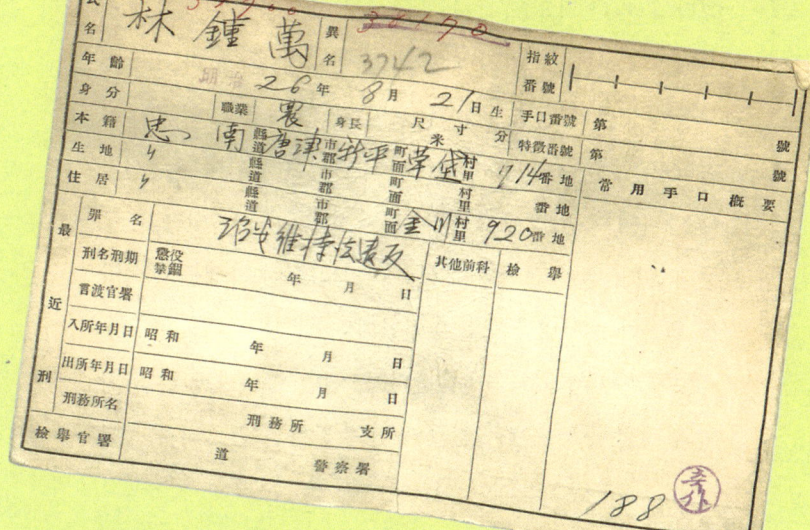

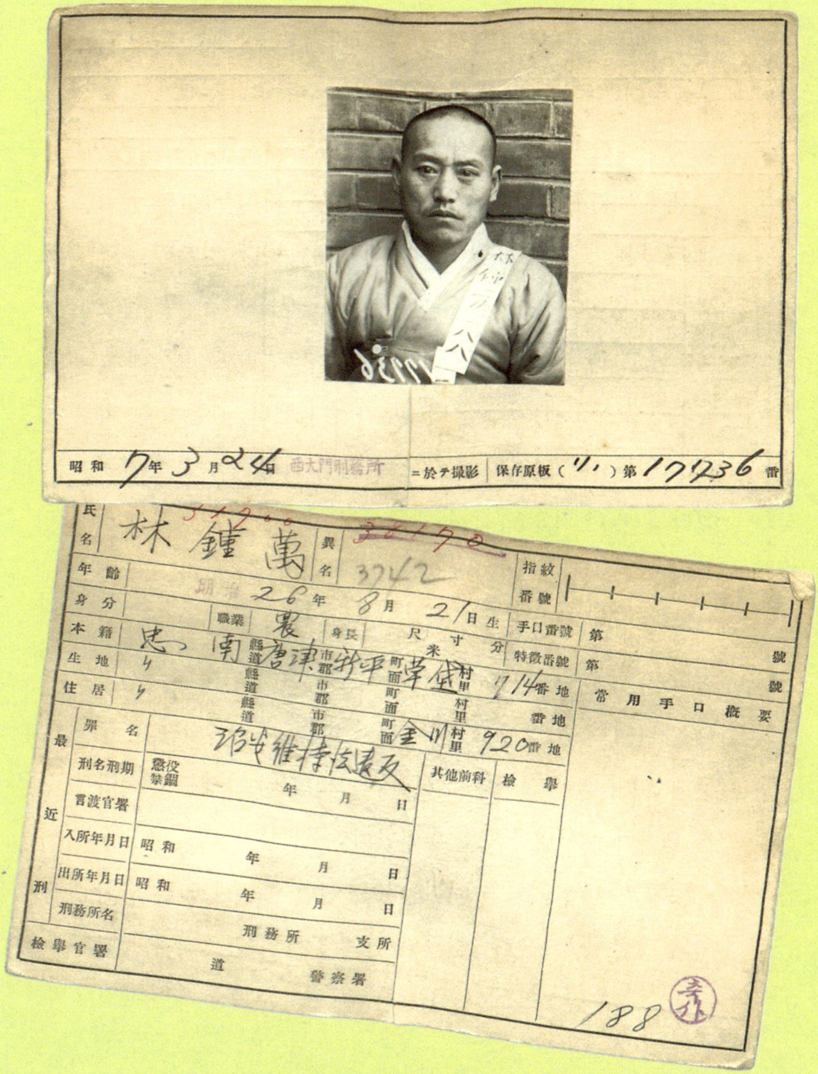

광주학생운동은 일제시기 국내에서 벌어진 대표적인 항일운동으로 꼽힌다. 시작은 사소했다. *1929년 10월 30일*, 나주에서 광주로 통학하는 일본인, 조선인 학생 사이에 시비가 붙었다. 광주중학교 일본인 학생 무리가 같은 기차를 타는 광주여자고등보통학교 학생 박기옥, 이광춘 등을 희롱했는데, 현장에 있던 박기옥의 사촌 동생 박준채가 일본인 학생에게 항의했고, 결국 싸움으로 이어졌다.

여기서 비롯한 조선인 학생과 일본인 학생 사이의 팽팽한 긴장은 *1929년 11월 3일*이 되자 폭발했다. 일본인 중학생 수십 명이 유도 교사를 필두로 야구 배트와 죽검을 들고 나타났고, 광주고등보통학교(광주고보) 학생들도 야구 배트, 농기구를 들고 뛰쳐나가 대난투가 발생했다. 경찰에 두 학교 직원들까지 달려와 말리자, 일본인 학생들이 먼저 물러섰다. 그러나 그것도 잠시, 광주고보 학생의 시위행진이 시작되었다. 사태를 여기서 끝낼 게 아니라, 일제 타도의 의지를 동포에게 천명하겠다는 것이었다. *11월 12일* 광주농업학교, 광주사범학교 학생들까지 합류한 시위대는 중심가를 다니며 독립 만세, 식민지 노예 교육 철폐를 외쳤고, 종국엔 70여 명이 검거되었다. 그러자 잡혀간 학생들의 석방을 요구하는 시위가 재차 일어났다.[1]

총독부는 예민하게 반응했다. 조선인 학생과 일본인 학생의 대결 구도는 조선인들의 민족 감정을 건드리기 충분했고, 만약 사건이 전국적으로 알려지면 더 큰 소동이 일어날까 봐 우려했다. 총독부는 각 신문에 주의해서 보도할 것을 요구했다.[2] 그러나 곧바로 일본인 학생의 잘못을 짚는 보도가 흘러나왔고,[3] 여러 지역 학생과 연계된 사회단체들이 광주에 사람을 파견해 조사에 나섰다.[4] 전국 네트워크를 가진 신간회도 마찬가지였다. 중앙집행위원장 허헌과 고위 간부들이 직접 광주로 가서 진상을 파악했다.[5] 일제 당국의 통제 속에서도 광주학생운동 소식은 입에서 입으로 광범하게 전파됐다.

신간회를 비롯한 사회단체, 그리고 일제 지배에 항거하는 학생에게 이건 하나의 기회였다. 조선인의 반감을 증폭시켜 또 한 번의 전국 만세 시위를 일으키리라 꿈꿨다. 그 결과, 비록 학생 위주로 전개되긴 했지만 각지에서 연쇄적으로 학생 시위가 일어났고, 참가 학생 수가 무려 5만 4,000여 명으로 집계됐다.[6]

임종만은 이때 학생운동을 확산시키기 위해 노력한 사람 중 하나였다. 충청남도 당진군 토박이로, 농업에 종사하면서 동시에 당진 지역 청년운동을 이끌었다. 1924년에 항일 의식 고취와 사회주의 사상 공부를 목적으로 독서회를 조직했다가 경찰에 체포된 적이 있었다. 1927년 신간회 지부가 각지로 확산할 때는 신간회 당진지회 설립에 적극 참여했고, 1931년 신간회가 해소될 때까지 간사·대표위원 등을 지냈다.[7] 아마도 신간회 라인을 통해 광주 소식을 들은 것으로 보이는데, 소식을 접한 임종만은 당진에서도 학생 시위를 일으키리라 마음먹었다.

1929년 12월 19일 오후 10시, 임종만은 지회원 고인환의 집에 찾아가 생각을 전했다. 이듬해 1월 18일을 기해 전 조선 학생 시위가 계획 중이니, 우리도 한번 준비해 보자는 것이었다. 고인환은 당진이 벽지이고 학생들의 나이가 어려 효과가 작을 수 있다고 얘기하면서도 취지에 찬동하며 실행을 고민했다.

고인환의 걱정처럼 당진에는 보통학교급 학교밖에 없었다. 그럼에도 고인환은 1929년 12월 28일 신간회 당진지회 총회 자리에서 또 다른 지회원 인원수에게 1월 18일의 전 조선 학생 시위 계획을 알렸다. 다만 이 이상으로, 어떻게 학생 시위를 구체화할지는 언급하지 않았다. 아직 모호하던 분위기는 인원수가 학생 시위 준비의 실무를 맡겠다고 자청하면서 뒤바뀐다. 1930년 1월 초순, 인원수가 신문에서 경성의 학생 소요를 다룬 기사를 보고, 자기도 당진군 석문면 소재 석문보통학교 학생들로 하여금 시위를 일으켜 보겠다고 결심한 것이었다. 실제로 경성에서는 12월 3일 대규모 학생 시위가 단행되어 1,200여 명이 붙잡혔다.[8] 1930년 1월 6일 인원수는 고대면 용두리 시장에서 고인환을 만나 자신이 일을 진행하겠다는 의사를 밝혔다.

1월 6일 혹은 7일 밤 인원수는 석문보통학교 선생으로 일하는 인운식의 집을 방문해 학생 시위 구상을 말하고, 인운식이 숙직하는 날 학교로 찾아가겠다고 했다. 1월 14일 밤 인원수는 "만세를 부르자"라고 적은 격문 약 40매를 제작했고, 1월 15일 밤 학교에서 숙직 중인 인운식을 찾아가 계획을 실행에 옮겼다. 인원수가 망을 보는 사이, 인운식은 최고 학년 5학년 교실 안으로 들어가 36명 책상 안에 격문을 넣어 뒀다.

그러나 이튿날 한 선생이 격문을 발견하면서 계획은 실패하고 말았다. 학교는 학생들을 단속하는 한편 당진 군수에게 사건을 보고했고, 곧 경찰이 출동해 조사에 착수했다.[9] 마침내 임종만, 고인환, 인원수, 인운식 네 명이 검거돼 재판을 받았다. 놀랍게도 재판부는 무죄를 선고했다. 보안법 위반 혐의에 대해 증거가 불충분하다고 판단한 것이다.[10] 그렇지만 최종 무죄를 선고받기까지, 구속된 상태의 옥살이는 계속됐다. 이후로도 임종만은 항일 투쟁을 계속했는데, 1932년 조선공산당 재건 조직인 조선공산주의자재건협의회 사건에 연루돼 치안유지법 위반으로 서대문형무소에서 복역했다. 병이 깊어 중간에 출소한 임종만은 1933년 1월 29일에 사망했다.

## 대한 소년들의 사명을 가르치다
# 최용복

崔容福 [최용석崔容錫]

1908. 2. 12~?

우리 한국은
일본의 속국이 되어
이를 독립시키는 것이
우리 소년의
중대한 사명이다.

| 1930년 6월 27일 서대문형무소에서 촬영 | 보안법 위반 | 징역 1년 | 1930년 6월 26일 입소 | 1931년 6월 26일 출소 | 언도 연월일, 형무소명 미기재 |

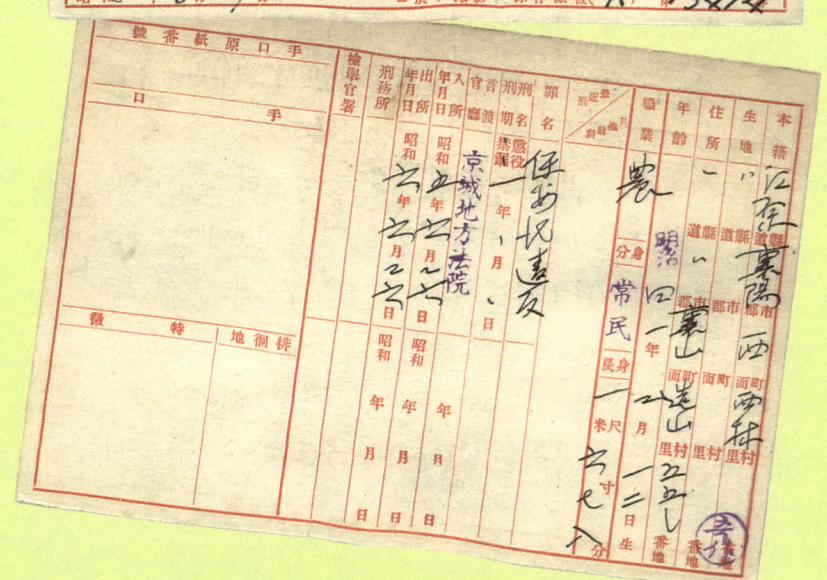

1930년 1월, 강원도 양양군 서림리 현서학원(峴西學院)에 새로운 선생님이 부임했다. 서림리는 현재 유명한 관광지인 양양 낙산해수욕장에서 개천을 따라 산속으로 들어가다 보면 나오는 지역이다.

현서학원은 재래식 서당에 근대식 교육 시스템을 입힌 이른바 개량 서당이었다. 서당은 일제의 공식 교육체계 밖에 놓였기 때문에 학력을 인정받을 수 없었지만, 현서학원은 학년제로 운영되어 나름의 신식 커리큘럼을 갖춘, 산골짜기 서림리 주민들이 의지하는 교육 시설이었다. 김대규라는 선생이 근무 시간을 스스로 연장해 야학을 열고, 급여로 받는 쌀 일부로 야학생들의 준비물을 샀다는 미담이 신문에 실리기도 했다. 기사에 따르면 김대규는 1924년 12월부터 근무했다고 하니, 적어도 1924년 말에는 학원이 문을 열었음을 확인할 수 있다.[1]

이 학원에 새로 온 선생이 최용복이었다. 서림리에서 태어난 그는 어느 시점에 이사해 조산리 553번지에 살았다. 양양 토박이 최용복은 일찍부터 양양의 여러 사회단체에서 활동했다. 19세인 1926년 말에는 조산리 농민조합 소속으로 노동야학을 열어 소년노동자들을 가르쳤고,[2] 1927년 12월 30일 양양의 여러 농민조합이 연합해 양양농민조합을 만든 이후로는 조합의 서림지부에서 활동한 것으로 보인다. 참고로 양양농민조합 창립을 주도한 이는 김대봉이

란 인물로, 조선공산당원이었고 모스크바 동방노력자공산대학까지 졸업한 사회주의 운동계의 리더였다.[3]

1928년 상반기에 최용복은 양양군 내 소년 단체를 망라해 양양소년연맹을 창립하는 과정에서 임시의장을 맡아 준비를 이끌었으며,[4] 나중에 현서학원 교사로 부임할 시기에는 양양소년연맹 집행위원장을 지내고 있었다. 또 양양청년동맹에도 관여해 소년 부문을 담당했다.[5]

최용복이 현서학원으로 간 이유를 생각해 보면, 야학에서 가르쳐 본 경험, 가르침의 대상인 소년을 대상으로 지속적인 운동을 해왔다는 배경이 있는데, 여기에 더해 양양농민조합에서 추진한 주민 교육 사업과 연계됐을 가능성이 크다. 두 가지 사실에서 그렇다. 첫째, 양양농민조합의 주요 방침 중 하나가 강사를 파견해 대중조직의 계급의식 수준을 높인다는 것이었다.[6] 둘째, 현서학원 원장 김환제가 바로 양양농민조합 서림지부 위원장이었다.[7]

최용복이 현서학원에서 교편을 잡은 지 3개월여가 지난 1930년 4월, 하루는 최용복이 6학년 일곱 명과 다른 두 학생이 있는 자리에서 과제를 하나 냈다. '우리들의 사명'이란 제목으로 글을 써 보라는 것이었다. 주제가 두루뭉술한 면이 있기에 학생들은 더 자세한 설명을 요청했다. 최용복은 이렇게 답했다.

**우리 소년의 사명은 우리의 긴 역사를 가진 조국 한국을 위해 힘을 다하는 일이다. 그런데 현재 우리 한국은 일본의 속국이 되어 있으므로 이를 독립시키는 것은 우리 소년의 중대한 사명이다.**

학생들은 그제야 뜻을 알고 문장을 짓기 시작했다. 그러나 얼마 지나지 않아 이날의 수업 내용이 경찰에 알려졌다. 1930년 5월 11일 양양경찰서 형사대가 서림리에 출동해, 양양농민조합 서림지부 회관과 현서학원, 서림지부원 7~8명의 집을 수색하는 동시에, 최용복을 검거하고 수업을 들었던 어린 학생과 학부모 들까지 소환해 취조했다.[8] 학생들이 쓴 글도 증거품으로 압수했다. 강원도 경찰부에서 작성한 문서엔 최용복이 계속해서 학생들에게 계급의식을 주입했다는 내용이 나오는데, 아마 이때의 조사로 해당 사실을 파악했을 것이다.

결국 최용복은 1930년 6월 26일 보안법 위반으로 징역 1년을 선고받는다. 바로 다음 날, 현서학원은 '서당규칙'에 의거한 강원도지사의 폐쇄 명령으로 문을 닫았다.[9] 함흥형무소에서 1년 동안 옥고를 치른 최용복은 1931년 7월 26일 만기 출소한 뒤 양양으로 돌아왔다.[10] 7월 29일 최용복이 대포항에 상륙했을 때 여러 동지가 나와 그를 맞이했다. 뒤로도 최용복은 양양의 여러 사회단체에서 일했으며, 양양농민조합에서 계획한 *1932년 5월 5일* 단오날 시위가 사전에 발각되어 조합원들이 대거 붙잡혔을 때,[11] 함께 끌려갔다가 불기소 처분으로 출감된 이력이 확인된다.[12]

## 현실에 부딪힌 혁명 전사
# 권영주

權永周

1901. 12. 8~?

조선 독립을 위해
가는 그 길을
내가 안내하겠소.

1935년 1월 9일
서대문형무소에서 촬영

치안유지법 위반 | 징역 3년 |
1935년 6월 5일 언도 | 1935년 6월 7일
함흥형무소 입소 | 1937년 10월 9일 출소

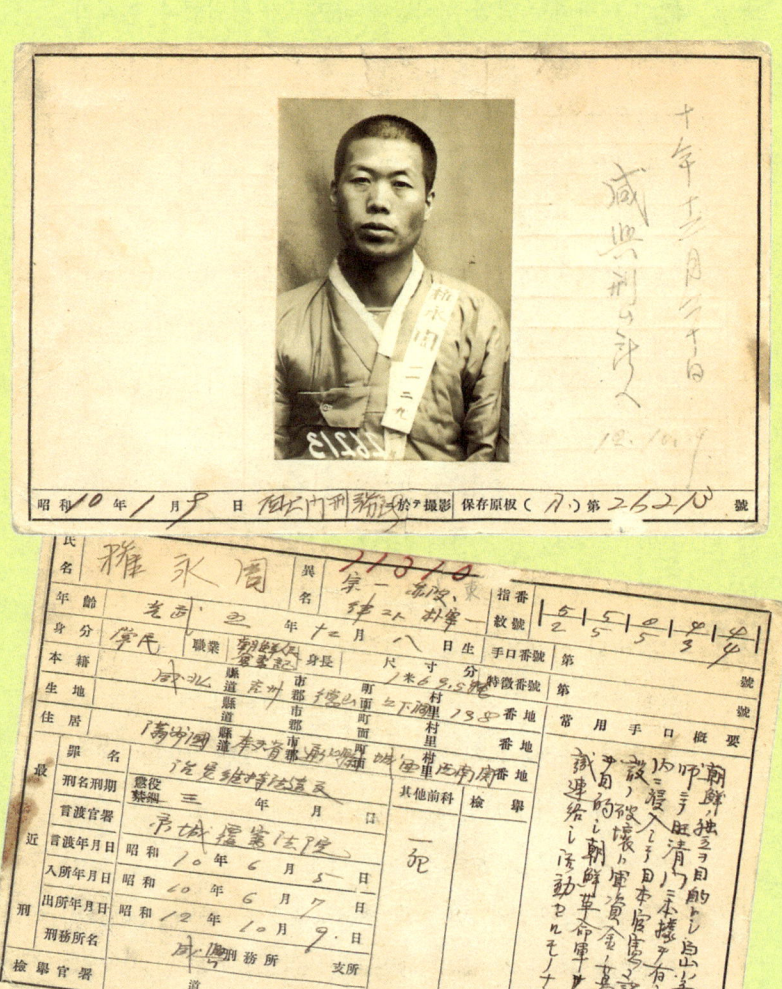

1920년대 후반, 만주에서 활동하는 민족운동 단체들인 정의부, 참의부, 신민부가 합동을 시도했다가 실패한다. 그럼에도 일부 합동이 이뤄져 새로운 단체들이 등장하는데, 그중 하나로 남만주 지방에 국민부가 성립했다. 이때가 1929년 4월이었다. 당시 만주는 중국 땅이라 일제의 손길이 미치기 어려웠다. 그만큼 조선인 무장단체의 활동이 비교적 자유로웠다. 1929년 5월 말이 되면, 국민부는 조선혁명군이란 독립군 부대를 편성한다.

1929년 9월 하순, 국민부는 첫 회의를 열고 중앙간부를 선출해 국민부를 공식 출범하는데, 여기서 중요한 결정을 내린다. 앞으로 국민부는 자치행정만 담당하고 독립운동 사업은 새롭게 설립될 당이 총괄한다는 것이었다. 어떻게 하면 독립운동을 조금이라도 더 효율적으로 할 수 있을지 고민한 결과였다. 조선혁명군은 당에 소속돼 활동할 예정이었다. 그리고 1929년 12월 조선혁명당이 창립된다.[1] 전투 장비와 식량을 준비하고 훈련을 진행하려면 무엇보다 돈이 필요했다. 군자금 확보는 조선혁명군의 제1 목표 중 하나였다. 조선총독부 경무국 기록에 따르면, 1932년에만 16차례에 걸쳐 101명의 조선혁명군 대원이 조선 땅에 들어와 군자금 모금 활동을 전개했다.[2]

1930년 9월 3일, 만주국 봉천성(奉天省) 장백현(長白縣) 19도구(道溝) 서지곡동의 사립 백산소학교에 두 남자가 찾아왔다. 현재 장백현은 백두산 남쪽에 위치해 북한과 국경이 맞닿는 곳으로, 오늘날 중국 정부가 조선족 자치현으로 지정해 관리한다. 그 정도로 장백현은 예부터 조선인이 많이 거주했다. 학교를 찾은 두 사람은 변창우와 최병일로, 장백현 20도구 경양포에 주둔하는 조선혁명군 파견대였다. 둘은 숙직실로 향해 교사 권영주를 찾았는데, 교장 김성학까지 나와 이들을 맞이했다. 권영주를 만난 두 사람은 찾아온 목적을 말했다. 함경북도 방면으로 침투해 자산가들을 찾아가 군자금을 모집하려는데, 함경북도 출신인 권영주에게 길 안내를 부탁한다는 것이었다.

권영주는 범상찮은 이력의 소유자였다. 함경북도 길주군 덕산면 출신으로, 1921년 3월 경성의 사립 중동학교를 졸업했다. 고향에 돌아왔다가 러시아 연해주로 넘어간 권영주는 1922년 5월 하순 니코리스크의 속성 정치강습소 조선인과(課) 10개월 반(班)에 입소한다. 이 강습소는 코민테른, 이른바 국제공산당이 운영하는 곳이었다. 코민테른이란, 아직 세력이 약한 여러 나라의 공산당을 지도하고 지원하고자 창설된 조직체였다. 권영주는 이곳에서 공산주의 이론과 식민지 해방운동 이론을 체계적으로 학습했다.

혁명 전사로 거듭난 권영주는 블라디보스토크 지역에서 고려공산청년회를 조직해 활동하다가, 1923년 7월에 코민테른의 지령을 받고 고향으로 돌아온다. 덕산 지역 청년들을 모아 혁명의 기반이 될 사회주의 조직을 꾸리라는 지령이었다. 그는 노동자, 농민 청년들을 모아 노농청년회를 만들고 각종 활동을 벌이던 도중, 경찰에 발각돼 간도로 도주했다. 간도 지역 공산주의 지도자 박윤세(朴允世)를 만난 권영주는, 활동비 마련을 위해 용정촌의 동양학원 학생들과 함께 부잣집을 습격했다가 끝내 잡히고 만다. 2년 4개월 옥살이를 마치고 1927년 10월 8일에 출소했다.

힘에 부친 걸까. 권영주는 불교에 귀의해 경성 중앙불교전문학교를 다닌 뒤, 함경북도 나남으로 가서 포교에 종사했다. 그러나 일제 당국의 감시는 계속됐다. 배신자라며 그를 손가락질하는 옛 동료들의 시선도 따가웠다. 1930년 7월 권영주는 그나마 조용한 장백현으로 넘어가 백산소학교 선생이 된다.

1930년 9월 3일 권영주는 변창우와 최병일의 요청을 바로 수락했다. 다음 날 세 사람은 각각 권총과 탄환을 휴대하고 압록강을 건넜다. 갑산군 보천면 농산경찰관 주재소에서 약 200미터 떨어진 상류 지점이었다. 이들은 보천면 보전리까지 들어왔는데, 관련 보도에 따르면 이때 서로 신호하고자 총을 쐈다가 총소리가 탐지돼 경찰이 출동했고, 변창우가 체포되었다.[3] 최병일과 함께 빠져나온 권영주는 군자금 모집을 이어갔고, 한 달 반에 걸쳐 약 100원의 군자금을 모았다.

일본 당국의 추격에 위협을 느낀 권영주는 잠시 만주의 오지로 도피했다가, 1932년 1월 15일 봉천성 무송현(撫松縣)에서 조선혁명군에 가입한다. 권영주는 부대의 서무, 회계 장부 사무를 맡아 일했다. 약 1개월 후, 권영주는 다시 봉천성 통화현(通化縣) 조선인민회 서기로 자리를 옮긴다. 조선인민회는 일제가 관리하는 조선인 단체였다.[4] 조선혁명군 일을 금방 그만둔 건, 1932년 3월 1일에 만주국이 수립된 것과 무관하지 않다. 일제의 만주 침략으로 괴뢰국 만주국이 성립했으니, 만주 방면 조선인 무장단체의 세는 위축될 수밖에 없었다.

몸을 낮춰 친일 성격의 조선인민회에 들어가 일했지만 일제의 추격은 집요했다. 1933년 11월 1일 길림성 돈화현에서 청나라 복장을 한 청년이 체포되는데, 바로 권영주였다. 일제의 비밀경찰, 특별고등경찰이 출동해 직접 체포했다.[5] 이미 1933년 9월부터 만주 주재 일본영사관으로부터 꼬리가 밟힌 상황이었다.

재판 결과, 권영주는 치안유지법 위반, 총포화약류취체령 위반 등으로 징역 3년을 선고받는다. 1935년 6월 7일 함흥형무소에 입소해 1937년 10월 9일까지 형을 살았다.

신사회 건설을 위한 삼총사의 도전
# 서진

徐震

1902. 4. 12~?

왜 아무리 일을 해도
생활이 곤궁한가.
평등한 사회를 만들려면
어찌해야 하는가.

**1932년 2월 22일 서대문형무소에서 촬영** | **치안유지법 위반** | 형명, 기간, 언도 및 입·출소 연월일, 형무소명 미기재

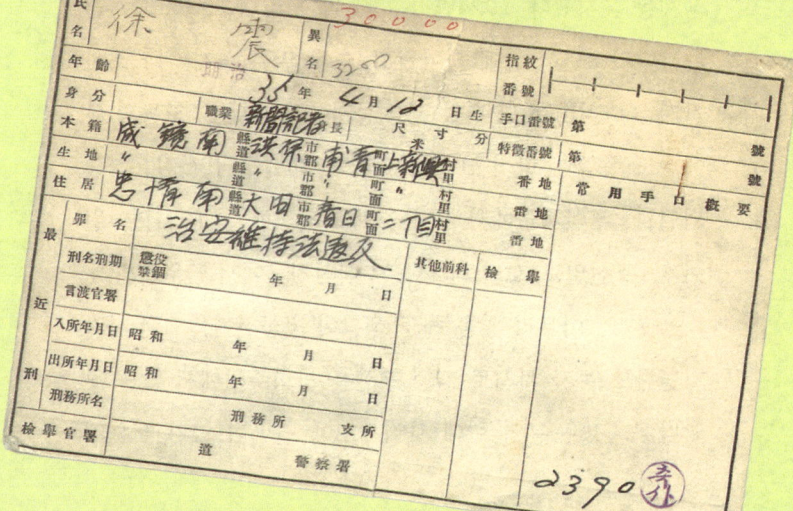

일제 치하에서 가장 유명하고 영향력이 큰 사회주의 조직을 든다면 *1925년 4월* 창건된 조선공산당을 꼽을 수 있다. 조선공산당은 혁명을 성공시킨 소련, 국제공산당 코민테른과 연계돼 막강한 위세를 떨치며 광범한 학생·농민·노동자 네트워크를 조성했다. 일제의 그악스러운 탄압에 조직이 무너져도 끊임없이 추종자가 나타나 조선공산당의 재건을 시도했다. 그렇지만 모든 사회주의 운동이 꼭 조선공산당으로 연결된 것은 아니다. 소련과 코민테른의 지원 없이 독자적으로 사회주의를 공부해 조직을 세우려는 시도가 여럿 있었기 때문이다. 충청남도 부여군에서 발생한 '화성당 사건'이 그랬다.

'화성당 사건'을 주도한 서진은 함경남도 홍원군 보청면 상신흥리에서 태어나고 성장했으며, 커서는 노동자가 되어 생계를 유지했다. *1924년경 23세* 때 블라디보스토크로 건너갔다가 1년여 만에 돌아왔고, 이후 일본 오사카와 조선 각지를 다니며 철도 건설 현장 등지에서 일했다. 노동의 삶에서도 틈틈이 학식을 쌓았는지, *1930년*부터 서진은 《중외일보》 부여지국에서 기자 생활을 시작했다. *1931년 1월* 이후 《조선일보》로 자리를 옮겨 대전지국에서 근무했다.

'나는 왜 아무리 일을 해도 생활이 곤궁한가.' 오랜 시간 가난한 노동자 처지로 지낸 서진은 사회주의에서 답을 찾았다. '그것은 분명 현대 사회제도에 결함이 있기 때문이다. 자본가, 지주가 노동자, 농민을 압박하고 착취하기 때문이다. 각 사람이 평등한 입장에서 똑같이 활동하고 생활하는 사회를 만들려면 어떻게 해야 하는가. 노동자, 농민이 일치단결해 자본가, 지주를 탄생시키는 사유재산제도를 파괴해야 한다. 그러기 위해선 노동자, 농민의 비밀결사가 필요하다.' 서진은 직접 실행하기로 마음을 굳히고 《조선일보》 부여지국 기자 강성구를 찾았다.

1912년생 강성구는 충청남도 부여군 장암면 장하리 출신으로,[1] 민족의식이 대단히 높았다. 1926년 6월 고향에서 일본 학교 폐지를 주장하며 군중과 시위에 나섰다가 연행된 적도 있었다.[2] 집이 궁핍해 학교에 다니지 못하면서도, 1930년 5월에는 신문에서 광주학생운동 소식을 읽고 조선인 본위의 교육을 주장하는 격문을 작성해 부여군 내 학교에 배포하기도 했다. 실제로 부여농업보습학교 학생이 격문에 호응해 동맹휴교를 단행했다. 이 일로 강성구는 징역 1년에 집행유예 5년을 받았다.[3] 1931년 1월 21일 저녁, 서진이 찾아와 자기 생각과 계획을 말하자 강성구는 바로 찬동했다. 그동안 짬짬이 마르크스주의 서적을 탐독하던 그였다. 1월 22일 두 사람은 믿을 만한 또 한 명의 동지 유기섭을 찾아갔다.

1905년생 유기섭은 부여군 부여면 중정리 출신으로, 뿌리 깊은 유학자 가문의 후손이었다. 어릴 적부터 집에서 한

학을 익히며 항일 의식을 체득했고, 청소년기를 거치며 사회주의에도 관심을 가졌다. 1926년 5월 사회주의의 영향을 받은 청년들 위주로 부여청년회가 결성될 당시 적극 가담해 재무부장, 학무부장에 선출되어 활동했으며, 1926년 12월부터는 중정리에 야학인 대왕서당을 설립해 운영했다.[4] 유기섭은 8~14세의 빈민 자녀 20명을 모아 가르쳤는데, 끼니를 제대로 챙겨 먹지 못하는 학생들을 보며 사회개혁의 필요성을 절절히 느꼈다. 그러던 차, 서진과 강성구가 그를 찾아왔다.

세 사람은 비밀결사를 만들기로 합의하고 각종 사항을 결정했다. 조직 이름은 화성당(火星黨)으로 했다. 붉고 뜨거운 별이란 뜻 그대로 공산주의를 실현하겠단 의지를 담았다. 신사회 건설과 일본 제국주의 타도, 약소민족 해방을 강령으로 삼고, 노동자와 농민의 의식을 높이며 당원 모집에 주력한다는 목표도 설정했다. 세 개의 부서를 만들어, 강성구는 비서부, 서진은 계획부, 유기섭은 조직선전부를 맡았다.[5] 마지막으로 1931년 1월 26일 부여군 규암면 합송리에 위치한 농민학원에서 오전 10시에 결당식을 거행하기로 정했다.

결당식이 며칠 안 남았으니, 일단은 당원을 더 확보해 구색을 갖출 생각이었다. 화성당 결성을 모의한 날, 서진은 형평사 부여지부 서기장 김동진에게 화성당 가입을 권유했고, 다음 날 재차 화성당 가입과 결당식 참여를 청했다. 형평사는 신분제가 철폐됐음에도 여전히 사회적 차별을 받는 백정들이 모여 만든 단체였다. 서진의 입장에선 당연히 혁명을 위해 연대해야 할 대상이었으나 김동진은 1월 24일 거절 의사를 통보해 온다.

강성구의 당원 모집 시도도 시원치 않았다. 결국 결당식 날엔 아무도 자리하지 않았다. 삼총사의 계획이 허무하게 끝난 것이다. 좌절한 세 사람은 역량 부족을 절감하면서 화성당 계획을 접고 만다. 일제에 항거할 비밀결사를 조직하는 것은 결코 쉬운 일이 아니었다.

화성당은 공식 출범하지도 못했고 그저 미수로 끝났음에도 불구하고, 어떻게 알았는지 충청남도 경찰부는 서진, 강성구, 유기섭을 검거했다. 비밀결사 조직 시도만으로도 죄가 있다고 판단했다. 공주지방법원의 1심에선 증거 불충분으로 무죄를 선고했지만,[6] *1932년 6월 2일* 경성복심법원의 2심에선 치안유지법 위반에 해당한다고 보고 실형을 선고했다. 서진은 징역 *1년 6개월*을, 강성구와 유기섭은 징역 *1년*을 선고받았다. 공주형무소에서 옥고를 치른 서진은 *1933년 6월 29일*에 출소했다.[7]

죄수 호송 작전을 실패로 만들다
# 최익한

崔益翰

1897. 3. 7~?

**비겁한 자야,
갈 테면 가라.
우리는 붉은 기를
지키리라.**

| 1930년 9월 1일 서대문형무소에서 촬영 | 치안유지법 위반 | 징역 6년 | 1930년 8월 30일 입소 | 1935년 1월 8일 출소 | 언도 연월일, 형무소명 미기재 |

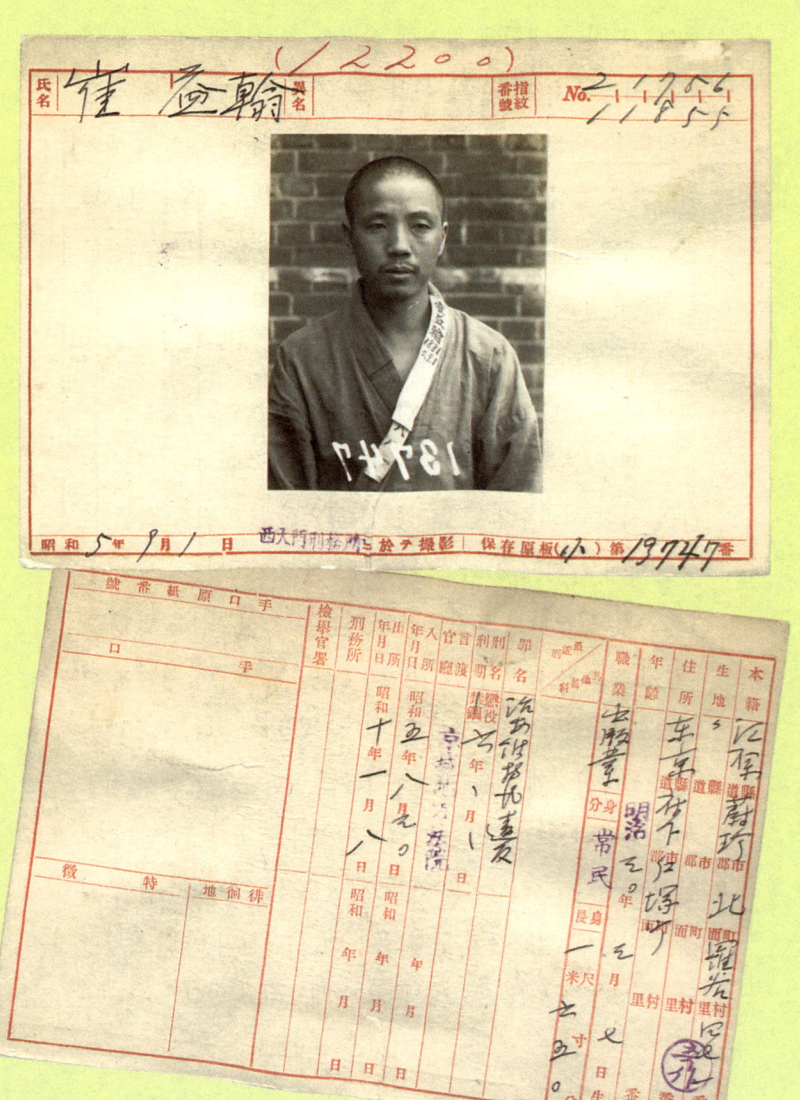

대한제국이 선포되던 *1897년*, 강원도 울진군 북면 나곡리에서 최익한이 태어났다. 천석꾼이자 유학자인 최대순의 둘째 아들이었다. 최익한은 어릴 적부터 영특했고, *14세* 즈음엔 시 짓기 대회에 참가해 장원을 차지했다. *15세*에 영남의 저명한 유학자 곽종석의 제자가 되어 *5년간* 가르침을 받았다. 신학문을 익혀야 한다는 곽종석의 권유에, *21세*의 최익한은 경성으로 가서 중동학교에서 *1년*, 기독교청년회관 영어과에서 *2년*을 수학했다. 유학과 신학문으로 무장한 최익한은 *3·1운동* 이후 독립운동에 투신한다. *1919년 8월*, 대한민국임시정부의 군자금 모금 사건으로 붙잡혀 *1921년* 징역 *4년*을 선고받았으나, 감형되어 *1924년* 출소했다.

그 후 일본으로 넘어가 와세다대학 정경학부를 다녔다. 유학 시절 사회주의를 받아들인 최익한은 일월회 같은 사상단체에 가입해 사회주의를 연구하고 실천을 도모했다. *1927년 4월*부터는 조선공산당 일본부 조직부장을 맡았고, *9월*에 가서는 능력을 인정받아 조선공산당 중앙위원에 선임됐으며, 조직부장, 선전부장의 요직을 지냈다. 코민테른이 조선공산당에 지원금으로 지급한 현금을 일본에서 직접 수령해 조선으로 옮길 정도로,[1] 최익한은 조선공산당의 핵심 인사였다. 그러나 *1928년 2월*경 조선공산당 조직이 일제 감시망에 걸려들면서 당원이 대거 검거되는데, 최익한도 *1928년 3월 4일* 종로경찰서에 체포되고 만다.[2] *1930년*

8월 30일 경성지방법원은 최익한에게 징역 6년의 중형을 선고했다.

이렇게 독립운동계의 거물 최익한을 소환하고 싶었던 이유는 1932년 7월 8일에 발생한 한 사건을 소개하기 위해서다. 바로 최익한이 주도한, 대전형무소 이감 중의 만세 소동 사건이다.

서대문형무소에 복역 중인 최익한 등 25명의 대전형무소 이감이 결정됐다. 판결문이나 여타 자료엔 정확한 이유가 적혀 있지 않으나, 아마도 사상범 수감자의 폭증과 관련 있는 듯하다. 1925년부터 치안유지법이 시행되면서 당국은 사회주의 운동가들을 수없이 잡아들였다. 문제는 수용시설이 부족하다는 점이었다. 사상범을 일반 범죄자와 같이 두니, 감옥 안에서 사회주의 사상이 확산하는 부작용이 나타났다. 그렇다고 사상범끼리 모아 두자니 또 무슨 짓을 벌일지 몰랐다. 일제는 1920년대 후반부터 대전, 신의주, 김천 형무소에 독방을 증설하는 한편,[3] 사상범을 한 형무소에서 일률적으로 관리하려는 경향성을 보였다.[4] 이감이 결정된 25명도 모두 치안유지법 위반자였다.

1932년 7월 8일, 서대문형무소 간수장 등 간수 네 명의 호송 아래 25명의 이감 작전이 실행됐다. 오전 7시 경성역에서 열차에 탑승한 이들은 장장 5시간 가까이 걸려 대전역에 도착했다. 오전 11시 53분이었다. 열차에서 내리자

먼저 인원 점검을 했다. 문제없음을 확인한 간수장은 죄수들을 두 줄로 세워 이동시켰다.

춘일정 1정목을 지나 대전교를 건너 춘일정 2정목 도로에서 갈라져 대전형무소까지 쭉 이어진 길을 따라, 그러니까 오늘날로 따지면 대전역에서 나와 중앙로를 따라 걸어 목척교를 건넌 직후 오른쪽으로 빠져 대전형무소 망루가 남아 있는 곳까지 가는 셈이다. 지금은 길이 사라졌지만, 옛 지도와 비교하면 목척1길, 보문로336번길, 보문로337번길이 그 흔적인 것 같다.

죄수 25명이 열차에서 내린 곳은 2번 플랫폼이었다. 줄을 지어 1번 플랫폼을 지날 때, 갑자기 최익한이 외쳤다.

**조선공산당 만세! 조선 민족 해방 만세! 조선 민족 독립 만세!**

그러자 다른 죄수들도 함께 소리쳤다. 최익한이 선창하면 나머지도 따라 외치는 식이었다. 집찰구를 나와 대전의 번화가인 춘일정 1정목에 들어설 때도 같은 일이 벌어졌다. 간수의 제지에도 만세 소리는 이어졌다. 대전교를 건너 갈림길에 들어서는 구간엔 조선인 시장이 있었는데, 여길 지날 때도 만세가 다시 터져 나왔다.

조선인 시장 쪽에선 노래도 울려 퍼졌다. 〈적기가(赤旗歌)〉

란 노래로, 영화《실미도》(2003)에도 등장했다. *1889년* 영국에서 노동자 파업을 격려하기 위해 만들어져 유럽 사회주의자들 사이에서 애창되다가, *1920년* 일본에도 알려졌다.[5] 최익한은 아마도 일본에서 유학하던 시절 배웠으리라 생각된다.

**높은 나무에, 붉은 깃발을. 그 그늘에서 전사하리라.**
**비겁한 자야, 갈 테면 가라. 우리는 붉은 기를 지키리라.[6]**

최익한이 노래를 시작하자 정헌태, 김병일, 김응기, 권오직 네 사람이 함께 불렀다. 처벌이 뒤따를 게 명확했지만, 가슴에서 터져 나오는 독립과 혁명의 열망은 전혀 계산적이지 않았다. 서대문형무소 간수장의 이감 작전은 사실상 실패했다. 수많은 사람이 죄수들의 만세 장면을 봤을 터였다. 이 사건으로 최익한에게는 징역 1년, 만세에 동참하지 않은 다섯 명을 제외한 나머지 인원에게는 징역 6~8개월이 가형됐다.

*1935년 12월*에 출옥한 뒤 최익한은 신문사에서 일하며 국학 탐구에 전념했다. 해방 후엔 좌익 진영에서 활동하다가 *1948년* 민족자주연맹 소속으로 남북연석회의에 참석했으며, 그대로 북한에 남았다.

## 노동운동의 선두에 선 문학 소녀
# 이효정

李孝貞

1913. 7. 28~2010. 8. 14

## 조선 민족 해방을 위해
## 파업으로 저항하자.

| 1935년 12월 14일 종로경찰서에서 촬영 | 치안유지법 위반 | 종로경찰서 검거 | 형명, 기간, 연도 및 입·출소 연월일, 형무소명 미기재 |

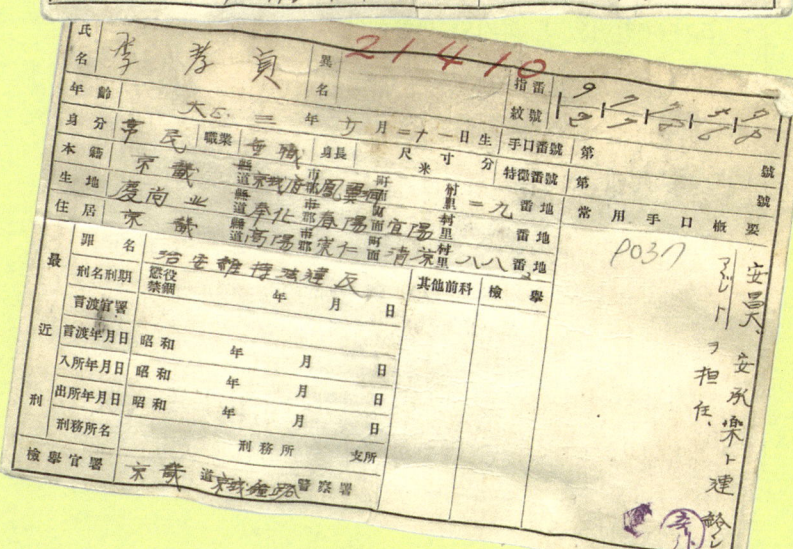

1933년 9월 21일 오전 8시, 종연방적회사 경성공장에서 파업이 일어났다. 1887년 설립된 종연방적은 일본 재벌 미쓰이의 계열사로, 1920년대 초반 일본보다 생산비가 저렴한 조선으로 눈길을 돌려, 고양군 숭인면에 뽕나무밭을 조성하고 조선 내 제사공장 설립 가능성을 따져 봤다. 양호한 성적을 확인하고는 1924년 9월 착공해 1925년 11월 공장 건설을 완료했다.[1] 공장 위치는 숭인면 신설리 61번지로,[2] 지금의 서울 동대문구 신설동이다. 그런데 수백 명이 일하는 이 거대한 공장에서 500여 여공이 파업을 일으켰다. 누에고치가 물에 담긴 채 그대로 가동이 멈췄으니 막대한 피해가 예상됐다.[3]

파업의 주원인은 새로운 기계의 도입과 노임 감소였다. 작업량에 따라 노임을 주는 체계로, 원래 하루 평균 노임이 50~60전이었다. 하지만 새롭게 들여온 기계의 작업량이 대폭 늘어나 여공들의 작업량이 줄어들 수밖에 없었고, 이제는 하루 평균 10~20전도 벌기 힘들어졌다.[4] 당시 국밥 한 그릇이 대략 15전이었다.[5] 한 여공은 파업 취재를 나온 기자에게 이 상태론 도저히 생활할 수 없으며, 회사는 우리 생각을 조금도 하지 않으므로 파업에 나선 거라고 하소연했다.[6]

사측은 강경 대응으로 맞섰다. 파업 다음 날인 9월 22일, 파업에 나선 여공들을 해고하겠다 경고하면서 곧 빈자리를 메꿀 새로운 직공 채용을 준비했다.[7] 여공 측도 임금 인상, 감독의 구타와 욕설 금지, 휴식 시간 확대 등을 요구 조건으로 밀고 나갔다.[8] 일주일간 지속된 파업은 52명이 해고되고 다른 여공들이 현장으로 돌아오면서 막을 내린다.[9] 결국 회사 측 승리로 끝난 모양새였지만, 종연방적 경성공장 파업은 여공의 열악한 공장 노동 환경을 조선 사회에 널리 알리는 계기가 됐다.

사실 이건 단순한 파업이 아니었다. 배후엔 조선 민족 해방을 궁극의 목표로 활동하는 비밀결사 경성트로이카가 있었다.[10] 경성트로이카는 1933년 2월 무렵 이재유를 중심으로 조직되었다. 이재유는 조선공산당에서 활동하다 옥고를 치른 인물이었다. 1928년 일제의 탄압과 내부 분열로 와해된 조선공산당을 재건해야 하는 상황에서, 그가 보기에 당 중앙을 먼저 결성하는 방식은 옳지 않았다. 무엇보다 파벌 싸움이 일어나 조직의 안위에 문제가 생기는 경우를 많이 봤다. 이재유는 트로이카 방식을 구상했다. 세 마리 말이 동등한 힘으로 이끄는 마차처럼, 지도부가 지시를 내리는 형태가 아니라 구성원이 자유롭게 활동하면서 학생, 농민, 노동자 동지를 규합하다가, 훗날 준비가 되면 당을 재건하자는 것이었다.[11]

여기서 경성트로이카의 구성원 이효정이 등장한다. 경상북도 봉화군 춘양면 의양리에서 태어난 이효정은 일곱 살이 되던 *1919*년에 가족이 독립운동을 위해 서간도로 이주할 때 따라가 *1922*년까지 그곳에서 살았다. 다시 조선으로 돌아온 이효정은 *1929*년 경성 동덕여자고등보통학교(동덕여고보)에 입학한다. *1930*년 광주학생운동 *1*주기를 맞아 경성 각 학교에서 기념 투쟁이 전개되자, 친구 박진홍과 함께 항의 표시로 시험지를 백지로 내는 '백지동맹'에 앞장섰다.

*1931*년 말엔 사회주의 학습 모임에 참여하다 경찰에 붙잡혀 구금되기도 했는데, 이른바 '경성*RS*(Reading Society) 독서회 사건'이다. 동덕여고보를 포함, 경성의 *7*개교 학생들이 모여 결성한 모임이었다. 졸업 후 이효정은, 나중에 저명한 사회주의 독립운동가로 활약하는 동덕여고보 교사 이관술의 권유로 울산의 보성학교 교사로 근무했다. 그러나 일제의 집요한 감시에 금방 그만둘 수밖에 없었다.

충만한 민족의식과 사회주의 지식으로 단련된 이효정의 다음 여정은 자연스레 경성트로이카 합류로 이어졌다. 이효정과 함께 공부한 박진홍, 이순금 등 동덕여고보 출신들도 경성트로이카에 합류했다. 여기서 이순금은 이관술의 동생이자 이재유의 최측근이기도 했다.

경성트로이카는 공장이 많은 영등포, 용산, 동대문 밖 지역에서 세를 키웠다. 종연방적 공장엔 이효정의 친척 이병희가 직접 취업해 여공들을 조직했다.[12] 이때 이효정은 이병희가 데려온 종연방적 여공들의 의식화 교육을 도맡았다.[13] 회사 측의 부당한 대우에 어떻게 목소리를 내야 하는지 가르쳤다. 그리고 *1933년 9월* 종연방적 경성공장에서 여공들의 파업이 일어났을 때, 이를 지도했다. 이렇듯 경성트로이카의 시선에서 본다면, 종연방적 경성공장 파업은 조선 민족 해방이란 원대한 목표를 달성하는 과정의 한 부분이었다. 이효정은 그 속에서 분투하는 실행자였다.

비슷한 시기, 종연방적 말고도 몇몇 공장에서 파업이 이어졌다. 필히 배후가 있을 거라 여긴 경찰이 수사에 착수하면서, 이효정은 이병희 등과 함께 청량리에서 동대문경찰서 고등계 형사에게 체포된다. *1933년 10월 17일*이었다. 결국 경성트로이카도 꼬리가 잡혀 이재유도 수배됐다. 이효정은 조사 과정에서 모진 고문을 받았지만, 경찰은 그가 그리 주요한 인물이 아니라고 봤는지 보름 만에 풀어 줬다.

이효정은 이후로도 이재유와 연락하며 노동조합운동을 지속했으며, *1935년*에 재차 검거돼 약 *13개월간* 서대문형무소에서 옥고를 치른다. 먼 훗날, 젊을 적 독립운동에 매진하느라 미뤄 둔 문학의 꿈을 살려 시집 《회상》*(1989)*, 《여든을 살면서》*(1995)*를 썼다.

## 잡지를 읽고 각성한 시골 농민
# 안천수

安千壽

1913. 11. 19~1963. 3. 20

우리는 언제까지나
저들에게 반항하여 볼
속셈이다!

**1935년 9월 30일 서대문형무소에서 촬영**

**불경·치안유지법 위반 | 징역 1년 | 1935년 10월 16일 언도, 서대문형무소 입소 | 1936년 10월 16일 출소**

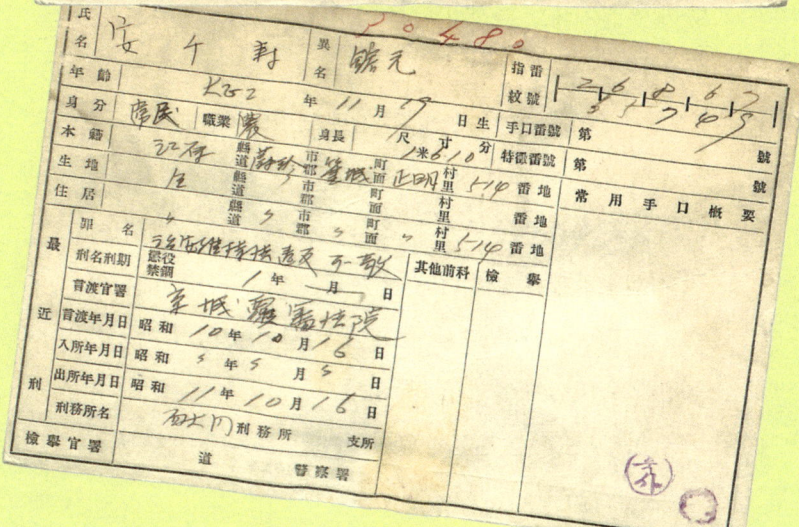

안천수는 강원도 울진군 기성면 정명리 514번지에서 나고 자랐다. 보통학교를 졸업한 뒤 농사꾼으로 살았는데, 잡지를 읽으면서 민족의식을 기르고 사회주의 사상을 접했다. 조선의 독립은 어떻게 이룰 수 있을지, 더하여 농민의 빈곤이 해결되지 않는 현실을 어떻게 바꿔야 할지 고민했다. 판결문에 따르면, 안천수는 1932년에 잡지 3개를 구독했다. 《신소년》, 《농민》, 《삼천리》였다.

《신소년》은 1923년 신명균이 청소년을 대상으로 창간한 잡지다. 대종교인으로서 만주의 무장독립운동단체 북로군정서의 국내 연락을 수행했고, 조선 말과 글을 체계적으로 정리한 한글학자이자 조선어학회 회원이었으며, 일제의 조선어 탄압에 항거해 자결을 택한 신명균의 삶만을 보더라도 《신소년》의 성격을 파악할 수 있다. 신명균은 사회제도 개선 문제에도 관심이 커서 사회주의 작가 여럿의 글을 실었다.[1]

《농민》은 1925년에 간행된 《조선농민》에 뿌리를 둔다. 《조선농민》은 천도교 청년당에서 결성한 조선농민사가 농민 계몽을 목표로 발간했다. 조선농민사엔 천도교계 김기전, 사회주의계 홍명희, 김준연 등의 독립운동가들이 참여했다. 그러나 1930년대에 들어 내부 갈등이 생겨 제목이 '농민'으로 바뀌어 발행된다.[2]

《삼천리》는 언론인 김동환이 1929년 6월에 창간했다.

김동환은 사회주의 성향의 인물로, 사회주의 문학인들의 조직인 조선프롤레타리아예술가동맹, 일명 카프(KARF)에서 활동했으며 여러 신문의 기자로 일했다.[3] 창간호에 신간회 간부들, 한용운, 염상섭 등의 글이 실이 실린 걸 보면 잡지의 지향점을 알 수 있다.[4]

이 잡지들은 검열 대상이었기에 대놓고 조선 독립을 고무하고 사회주의를 선전하진 않았지만, 내용을 보면 은연중에 독자의 의식을 각성시키는 글이 많았다. 1932년에 나온 기사를 예로 들면, 《신소년》은 마르크스의 어린 시절(제10권 제5호), 공장에 취업한 소년의 경험(제10권 제6호) 같은 글이, 《삼천리》는 민족의 협동 문제를 어떻게 풀어야 할지 논하는(제4권 제7호) 글이 실렸다. 울진 시골의 농민 안천수는 이런 잡지를 읽으며 각성했다.

1934년 12월 27일, 안천수는 세 친구 황명칠, 안태열, 안병극과 만났다. 안병극은 울진군 기성면 경찰 주재소에서 잔심부름하는 소사로 일하고 있을 때 일본으로 가려면 필요한 도항증명서를 발급받을 수 있느냐는 주변의 부탁을 받고, 주재소 수석 순사의 명의를 도용해 도항증명서를 위조해 줬다. 하지만 이 일이 탄로나 안병극은 함흥지방법원에서 재판을 받았고, 징역 8개월에 집행유예 2년을 받아 고향으로 돌아올 수 있었다. 귀향 시점은 12월 27일의 모임이 있기 1주일 전쯤이었다.

집행유예가 선고된 건 다행이지만, 그간의 노고가 극심했을 것이다. 혹독한 경찰 조사와 재판에 옥살이까지 이어졌을 테니까 말이다. 사연을 듣고 열 받은 안천수는 이렇게 말했다.

> **왜놈들은 조선을 점령하여 같은 나라 사람이라 칭하지만, 조선인의 일본 도항을 제한하고 조선인과 일본인을 구별하는 것은 형편에 맞지 않으며, 실제로 왜놈은 조선인을 압박해 조선인의 생활이 궁핍하여 굶어 죽을 수밖에 없으니 우리는 일치단결하여 잃어버린 권리를 회복해야 한다.**

일본인과 조선인은 같은 뿌리에서 나왔으므로 융합하여 하나가 되어야 한다고 나날이 선전하면서, 정작 조선인이 일본으로 건너가려면 까다로운 절차를 밟아야 하는 현실을 꼬집은 말이었다. 내선일체라는 일제의 지배 논리가 얼마나 헛된 것인지, 안천수는 이미 피부로 느끼고 있었다. 이어서 일제의 지배가 계속된다면 조선인은 굶어 죽을 수밖에 없으므로 잃어버린 권리, 즉 나라의 주권을 되찾아야 한다고 주장했다. 더 나아가 안천수는 공산주의 혁명을 일으켜 지금의 체제를 뒤집어 버린다면 조선 독립도 달성할 수 있다면서, 이렇게 모인 네 명이 단결력 있는 단체를 만들어 동지를 모으자고 제안했다.

여기서 나머지 친구들의 반응이 어땠는진 알 길이 없다. 실제로 단체 조직에 착수했다가 경찰에 걸렸을 수도 있고, 그냥 이날 일이 새어 나가 걸렸을 수도 있다. 다만 안천수 혼자만 재판에 넘겨진 걸 보면, 경찰이 나머지 친구들에 대해선 혐의점이 없다고 판단한 것 같다.

조사 과정에서 안천수의 일기장도 발견됐다.

> **오늘은 봉축일이다. 왜놈의 우두머리가 죽은 날로 왜놈들은 다이쇼 천황이라 칭하나 우리는 언제까지나 저들에게 반항하여 볼 속셈이다.**

1934년 12월 27일의 모임이 있기 이틀 전에 작성된 이 일기 때문에, 안천수에겐 치안유지법 위반에 더해 불경죄까지 적용됐다. 다이쇼 천황이 1926년 12월 25일에 죽었으니, 1934년 12월 25일은 사망 9주기 되는 날이었다. 일본 황실이 제사를 치르고 일본 의회도 휴회한 이날,[5] 안천수는 다이쇼 천황의 죽음을 기쁨으로 여겼다.

징역 1년을 선고받은 안천수는 1935년 10월 16일부터 1936년 10월 16일까지, 서대문형무소에서 꼭 1년을 감옥살이했다. 출옥 후 1940년 무렵 만주로 건너가 독립운동을 벌였으며, 해방 후엔 건국준비위원회 울진군지부 사찰과장을 지냈다.

편지에 담겨 퍼진 독립의 말들
# 송창섭

宋昌燮

1915. 8. 20~1968. 2. 25

우리 청년이 왜놈들에게
적대할 힘을 기르지 않으면
우리 조선은
일본의 종이 될 것이다.

| 1935년 7월 19일 서대문형무소에서 촬영 | 보안법 위반 | 징역 8개월 | 1935년 9월 17일 언도, 서대문형무소 입소 | 1936년 5월 17일 출소 |

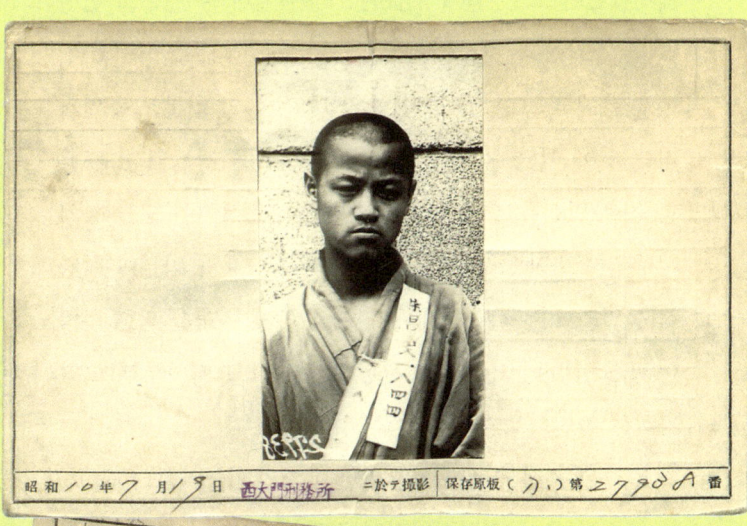

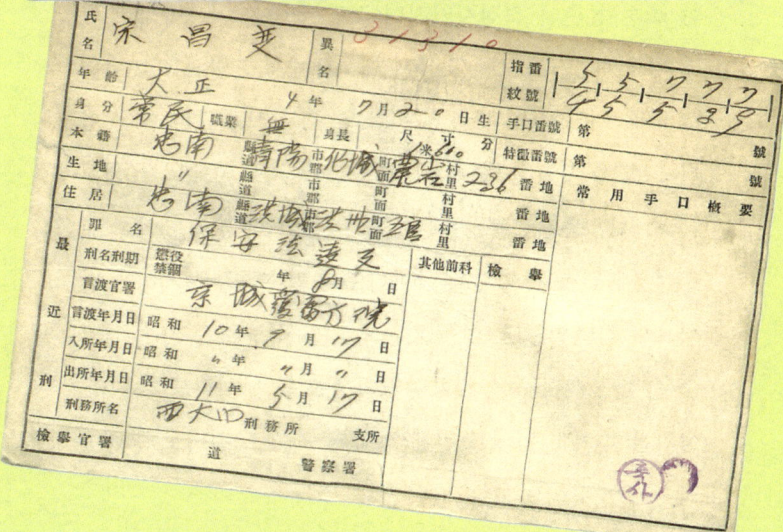

1930년대 초반 조선 농촌 경제는 굉장히 피폐했다. 1929년부터 세계를 휩쓴 대공황의 여파였다. 농산물 가격이 대폭락했다. 1926년과 1931년을 비교하면 현미 1석 값은 31.6원에서 14.7원으로, 콩 1석 값은 16.9원에서 9.5원으로 떨어졌다. 소작농과 자작농은 물론, 지주도 적자에 허덕였다. 한 신문에 따르면, 1930년 이후 4년여 동안 일본으로 일거리를 찾아 떠난 농민이 15만 명에 달했을 정도였다. 흉흉한 농촌 민심은 소작쟁의로 이어졌다. 소작인이 힘을 뭉쳐 지주에게 소작료 인하를 요구했다. 더 나아가 이른바 혁명적 농민조합 운동도 전개됐다. 사회 체제 변혁을 위한 혁명이 필요하다는 사회주의 사상에 공감하고 지하투쟁에 참가하는 농민이 늘어갔다.

  1931년 조선 총독으로 부임한 우가키 가즈시게(宇垣一成)는 조선 농촌을 진정시키려면 적당한 빵이 필요하다고 봤다. 말인즉슨, 이 모든 소동은 배고픔에서 출발하므로 농민의 배를 어느 정도 채워 주면 소동이 진정되리라는 것이었다. 그렇게 시행된 게 농촌진흥운동이었다. 1932년 10월부터 시작된 농촌진흥운동은 도·군·읍·면 각 행정단위에 농촌진흥위원회를, 말단 촌락마다 농촌진흥회를 설치하는 방식으로 진행되었다. 이들 기관의 지도를 받아 농가는 식량 증산, 현금수지균형, 부채상환의 목표를 달성하도록 했다. 성과를 높이기 위해 고리채 정리, 소작제도 정비도 병행했다. 아울러 곤궁한 조선 농가의 만주국 개척 이민도 추진했다.[1] 이렇게 조선 농촌의 위기를 극복한다면, 조선인이 일제 지배에 더욱 순응할 거라 예상했다.

한명식은 원래부터 독립을 열망한 사람은 아니었다. 그가 조선 독립을 꿈꾸기 시작한 건 같은 마을에 사는 이선준의 영향이 컸다. 둘은 충청남도 아산군 도고면 경산리에 살며 서로 알고 지냈다. 이선준은 아버지의 한약방 일을 도왔고, 한명식은 홍성보통학교 고등과에 다니다 중퇴하고 농사를 짓고 있었다. 1932년 12월 즈음부터 이선준이 한명식에게 조선 독립 이야기를 꺼냈다. 여섯 살 많은 동네 형의 말에 한명식은 감화를 받았다.

1934년 4월, 18세의 한명식은 아산의 신창농업실습학교에 입학했지만, 수개월밖에 다니지 못하고 재차 중퇴한다. 아마도 학업 비용 때문이었을 것이다. 비록 학업의 꿈은 좌절됐지만 조선 독립의 꿈은 계속됐다. 한명식은 1934년 초부터 주변 지인들에게 독립운동 참여를 독려하는 편지를 보냈다. 아산뿐 아니라 예산, 경성 그리고 저 멀리 만주국에 간 지인에게도 편지가 전달됐다.

1935년 1월 13일엔 홍성군의 송창섭에게 편지를 썼다.

**오랑캐 놈들은 입에 발린 말로 내선융화(日鮮融和), 농촌진흥을 고창하는 반면에 탄압 정치는 매일매일 심해진다.**

**꿀같이 달콤한 말로 조선에서는 생활이 어려우니 이주하라고 하면서 불쌍한 우리 백색 민족을 매일 북행 열차로 실어 내고 있지 않은가? 이렇게 우리의 신성한 조선을 일본 놈들에게 빼앗기는데 잠자코 있을 수 있는가?**

우가키 총독의 농촌진흥운동, 조선인의 만주 이민 계획에 대한 정면 비판이었다. 농사짓는 농민의 한 사람으로서, 한명식이 보기에 이런 시책은 입발림에 불과했다. 궁극적인 목적은 조선인을 순응시켜 일제 영구 지배의 발판을 만드는 데 있다는 걸 한명식은 똑똑히 알았다.

**우리는 조선의 방방곡곡에서 조선 독립을 부르짖고 또한 한국의 깃발을 휘날려 제일선의 용감한 투사가 되자. 일본의 정치를 감수하는 조선 민족을 각성시켜 굳세게 투쟁하는 것이 우리 청년의 의무이므로 애국자 선봉이 되어, 강한 무리가 되어 활동하자.**

이렇게 마무리된 편지는 며칠 후 송창섭에게 도착했다. 송창섭은 충청남도 홍성군 대교리의 구세군 강습소에서 공부하고, 이후 사법대서인(사법기관에 제출할 서류 작성을 대행하는 사람)과 양복점 견습 고용인으로 일하고 있었다. 홍성군 교회의 소년회 부회장도 맡고 있었다.

한명식의 독립 열망은 그대로 송창섭에게 닿았다. 크게 감동한 송창섭은 1935년 2월 9일에 조선 독립 운동의 결심을 영원히 버리지 말라는 내용의 답장을 보내고, 이어서 2월 11일에 자기 지인에게 보낼 편지를 작성했다. 한명식이 보낸 편지 내용 대부분을 인용해 조선의 정세를 설명하는 한편, 더해서 이렇게 썼다.

> **우리 청년이 왜놈들에게 적대할 힘을 기르지 않으면, 우리 조선은 일본의 종이 될 것이다. 이 중대한 책임을 생각해 조금이라도 빨리 투쟁하여 조선 독립을 위해 생명을 걸어 달라.**

편지는 1935년 2월 12일 홍성공업전수학교 학생 네 명에게 전달됐으나 경찰에 유출되면서 사달이 난다. 경찰은 이 편지를 학생을 선동하는 격문으로 취급하고 주모자 색출에 나섰다. 바로 당일, 발신인 송창섭이 잡혔다. 수사는 이어져 2월 23일에 한명식, 이선준도 검거된다. 홍성경찰서 고등계는 취조를 3개월이나 계속했다.[2]

이 일로 송창섭에게 징역 8개월이 선고됐다. 보안법 위반이었다. 송창섭은 1935년 9월 17일부터 이듬해 5월 17일까지 서대문형무소에서 옥고를 치른다.

# 민족개조론으로 독립을 상상하다
# 이홍채

李鴻采

1915. 1. 4~?

**조선 민족을 개조하여
장래 세계를 통일하는 데
충분한 대민족으로
만들어야 한다.**

1939년 7월 10일
서대문형무소에서 촬영

치안유지법 위반 | 징역 1년 6개월,
재정(裁定) 200일, 집행유예 3년

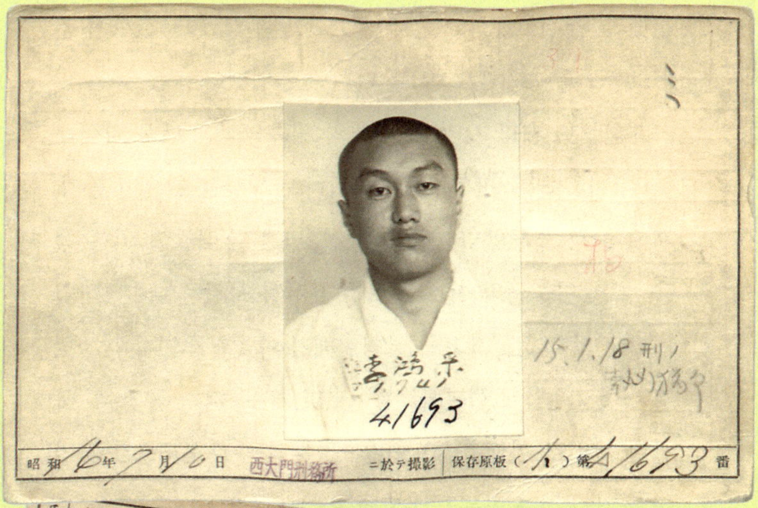

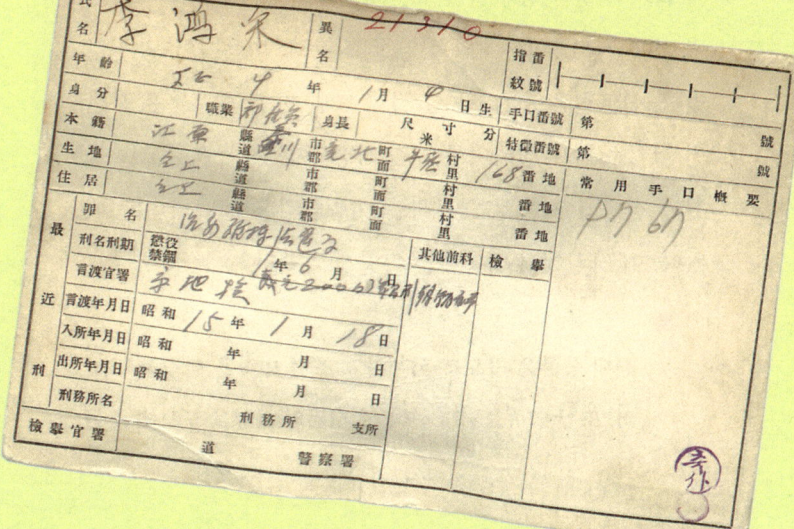

이홍채는 강원도 춘천군 신북면 우두리에서 나고 자랐다. 빈곤한 가정에서 태어났지만, 자신이 조선 세종의 18남 담양군 이거의 후손이란 사실을 자랑으로 여겼다. 조선 왕실의 후예 의식은 자연스레 조선 민족의 독립 의식으로 발전했다. 천전보통학교를 나와 1930년부터 1935년까지 춘천고등보통학교(춘천고보)를 다니고 졸업했다.

춘천고보 재학 시기, 이홍채의 민족의식은 더욱 강력해졌다. 이홍채는 민족의식을 고취하는 책들을 읽으며 동기, 후배 들과 교류했다. 그에게 지도받은 후배들이 읽은 책을 보면, 안중근의 이토 히로부미 저격 사건을 다룬 《하얼빈 역두의 총성》, 교육학자 최현배가 쓴 《조선 민족 갱생의 길》, 이광수의 소설 《흙》 등이었다.[1] 이홍채는 졸업 후 북산면 서기로 일했고, 1936년 1월부터는 춘천군으로 자리를 옮겨 비정규 공무원인 고원(雇員)으로 일했다.

1936년 8월 이홍채와 신영철, 박우홍, 이종식이 모여 앉았다. 신영철은 춘천고보를 같이 다닌 친구, 박우홍은 북산면 서기로 함께 일하며 친해진 직장 동료였다. 춘천고보 출신에 신북면 서기로 근무하는 이종식과도 교류하며 지내왔다. 이 자리에서 이홍채는 이렇게 말했다.

**현재 농촌은 극도로 피폐하고 조선 민족은 타락하고 있어, 조선 민족을 개조하여 그 지위의 향상을 도모해 조선**

**을 독립시켜 장래 세계를 통일하는 데 충분한 대민족으로 만들어야 한다.**

나머지 세 사람도 동의했다. 그렇다면 우린 어떤 방식으로 독립을 쟁취할 것인가. 논의 결과 민족개조론을 채용하기로 의견을 모았다. 춘원 이광수가 제기한 민족개조론이란 무엇인가. 서구 열강이 팽창하고 세계 곳곳이 식민지로 전락하는 현실에서, 약한 민족은 강한 민족에게 동화되거나 사라질 위기에 처했다. 그러나 그런 운명에 순응할 건가? 민족성을 강하게 키우면 위기를 극복할 수 있지 않을까? 조선 민족이 놓인 여건은 만만치 않지만, 우리 역사를 보면 개조 가능성은 충분하다. 구성원 개개인이 노력해야 한다. 신의를 지키고, 공부하고, 공동체를 중시하고, 근검절약하자. 즉, 이 험한 세상에서 살아남기 위해 민족 역량을 키우고 자립할 실력부터 갖추자는 게 골자였다.[2]

민족개조론은 1922년 논설이 발표된 직후부터 현대까지 일제와 타협하는 것이라는 등 많은 비판이 뒤따랐다. 여기엔 이광수가 1930년대 후반부터 보여 준 친일 행보도 한몫했다. 하지만 이홍채와 동지들이 보여 주듯, 민족개조론이 당대 청년들에게 영향을 준 것 또한 분명한 사실이다. 이들은 민족개조론을 경유해 조선 독립을 상상했다.

네 사람은 첫째로 우리와 뜻이 같은 동지를 규합할 것,

둘째로 그들을 귀농시켜 계몽운동에 종사하게 해 농민에게 민족주의를 주입할 것, 셋째로 우리 동지는 일요일, 제삿날, 공휴일에 회합할 것, 이렇게 세 가지 강령을 정했다.

위의 둘째 강령은 1930년대 초반에 전개된 농촌계몽운동과 맞닿는다. 조선일보사와 동아일보사가 주도한 이 운동은, 학생들이 방학 동안 농촌으로 가서 한글, 숫자, 위생지식을 보급하도록 했다. 이 시기 이광수가 《동아일보》 편집국장을 맡고 있었는데, 그의 소설 《흙》은 이때의 농촌계몽운동을 지원하기 위해 쓴 것이다. 일제는 농촌계몽운동이 민족의식을 키운다고 보고, 1935년 들어 전면 금지한다.[3] 농촌계몽은 민족개조의 실천 방안 중 하나였고, 그들이 내세운 둘째 강령은 일제가 금지한 농촌계몽운동을 지속한다는 뜻을 담았다. 조직 이름은 짓지 않았는데, 경찰은 나중에 이들을 '무명(無名) 그룹'이라 명명했다.

이들은 춘천읍 전평리의 수원지, 신북면의 우두산처럼 인적이 드문 곳에서 회합하고, 본인과 조선 민족이 어떤 점이 부족한지, 어떻게 수양해야 하는지 생각을 나눴다. 예컨대, 이홍채는 희생정신 함양을, 신영철은 사리사욕의 초월을 강조하는 식이었다. 농민을 지도하려면 우리 자신이 조선어 공부에 앞장서야 한다며, 조선어학회에서 발행하는 잡지 《한글》을 구독하기도 했다. 회원 확보에도 힘써 여러 청년과 접촉했다.[4]

춘천중학교의 학생 독립운동조직 상록회와도 교류했다. 1938년 3월에 조선교육령이 개정되면서 춘천고보가 춘천중학교로 바뀌었으므로, 상록회원은 이홍채 그룹의 후배였다. 1938년 9월 24일, 우두산에서 이홍채 그룹과 상록회가 모여 연설회를 개최했다. 상록회가 선배들에게 연설을 요청해 열린 행사였다.[5] 이 자리에서 이홍채 그룹은 중일전쟁에서 비롯한 조선의 현상을 논하며 조선의 주권 회복을 역설했다.

그러나 이날로부터 얼마 안 되어, 이홍채 그룹의 활동은 춘천경찰서에 탐지된다. 1938년 10월 19일 검거가 시작됐다. 1940년 1월 17일에야 판결이 내려졌다. 검사는 이홍채에게 징역 3년을 구형했지만, 재판부는 징역 1년 6개월에 집행유예 3년을 선고했다. 언론은 관대한 판결이라 평했지만,[6] 이미 1년여의 옥살이를 겪은 뒤였다.

춘천경찰서가 검사 측에 제출한 의견서엔 이홍채 그룹이 회합할 때면 불렀다는 〈조선애국가〉 가사가 적혀 있다. 제1절을 옮겨 본다.

> **동해물 백두산 마르고 닳도록**
> **하느님이 보호하사 우리나라 만세**
> **무궁한 삼천리 화려한 강산**
> **조선 사람 조선으로 길이 보(保)하세**

## 문예운동에 뛰어든 열혈 청년
# 김종희

金宗熙

1918. 12. 15~?

**조선의 전통을
앙양하고,
조선어의 아름다움을
발휘하자**

| 1940년 1월 18일 서대문형무소에서 촬영 | 치안유지법 위반 | 징역 1년 6개월 | 1940년 6월 28일 언도, 서대문형무소 입소 | 1941년 8월 30일 출소 |

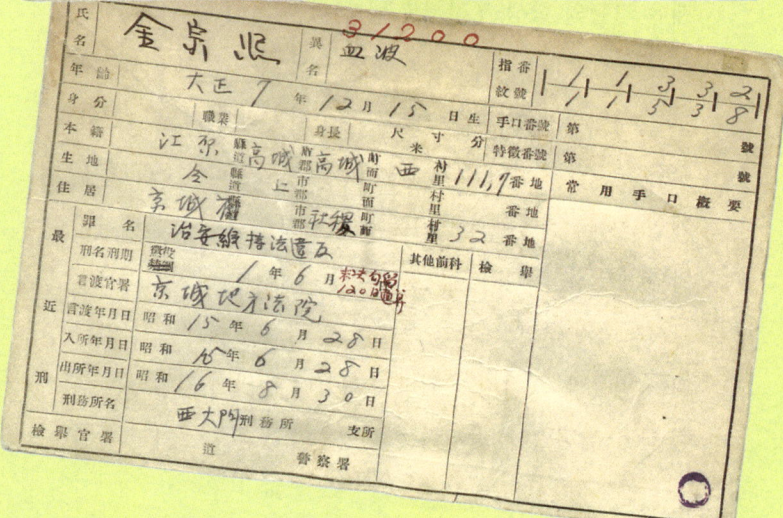

김종희는 강원도 고성군 고성면 서리에서 태어났다. 유복한 가정에서 자라고 공부도 잘해서, 고성보통학교를 졸업하고 경성의 배재고보에 진학하며 무난히 학업을 이어가는가 싶었지만, 갑자기 집안 사정이 생겨 1935년 7월 중도 퇴학했다. 1935년은 배재학당 창립 50주년이 되는 해여서 6월 8일 성대한 기념식이 열렸는데,[1] 김종희는 이 자리에서 저명한 독립운동가이자 당시《조선중앙일보》사장이던 여운형의 연설을 듣는다. 우리 조선인은 조선을 위해 일해야 한다는 여운형의 열변은, 16세 김종희의 민족의식에 불을 지폈다.

고향에 돌아온 김종희는 1936년 여름 즈음, 동향 또래인 하명식과 깊이 교유한다. 하명식은 경성 중앙고등보통학교 2학년 때 반제국주의 동맹휴학 사건으로 퇴학당하고 이재유 그룹의 학생 조직에도 발을 담근 적이 있었다.[2] 하명식은 공산주의 사회 건설을 통해 조선 독립을 이룩해야 한다는 자신의 사상을 전파했고, 김종희는 절절히 공감했다. 1936년 9월 하명식 집에 모인 하명식, 김종희 등은 프로문예연구회를 결성하기에 이른다. 여기서 프로란 프롤레타리아의 준말로, 무산자 계급을 의미한다.

사회주의 문학을 읽고, 토론하고, 직접 창작해 '프롤레타리아 인문학' 창작자가 된다는 목표에 걸맞게 김종희는 여러 글을 집필했다. 창세라는 주인공이 농촌으로 가서 가난한 농민에게 공산주의 의식을 주입하고, 부르주아 지주 이 진사에게 항거한다는 내용의 소설 〈혈파(血波)〉, 하루빨리 공산주의 사회를 실현해 따뜻한 봄이 온다면 자본주의는 겨울과 같이 사라질 것이라는 내용의 〈봄의 찬가〉, 내가 프롤레타리아 혁명을 이루지 못하더라도 그 대업을 자식에게, 후대에 계승해 혁명의 완전한 달성을 기한다는 내용의 〈계승〉을 썼다. 김종희는 '혈파'를 이명(異名)으로 사용할 정도로, 〈혈파〉에 깊은 애정을 가졌다.

김종희는 1938년 중반을 지나며 공산주의 실현보다는 조선 민족의 사활을 더 중시한다. 새로 만난 천성환의 영향이 컸다. 경성사범학교를 나와 보통학교 선생이 된 천성환은 1937년부터 고성 지역 학교에서 근무하며[3] 김종희와 소통했다. 천성환은 김종희에게 프로문학은 예술성이 부족하다고 지적했고, 김종희는 비판을 수용했다. 프로문학이란 게 공산주의 사회 실현이라는 목적이 분명하다 보니, 결국 쓰는 주제가 한정될 거라고 꼬집지 않았을까.

여기에 더해 당시 유행한 인민전선 사조도 김종희의 사상 전환에 영향을 끼쳤다. 독일 나치와 같은 파시즘이 대두하고 있는데 프롤레타리아끼리만 모여서 맞설 수 있겠냐는 의견이 등장한 결과, 1935년 7월에 개최된 코민테른 대회에서 민족의 이름 아래 힘을 합쳐 반파시즘 인민전선을 수립해야 한다고 결정했다.[4]

1938년 6월 26일, 천성환의 하숙집에서 천성환과 김종희 등이 모여 민족문학연구회를 결성했다. 조선 독립과 민족의식 고취를 위해 매주 일요일 다 같이 모여 조선 문학을 읽고 서로 쓴 글을 돌려 읽기로 했다. 또 기회가 된다면 민족의식을 앙양할 글을 공공에 발표하기로 했다.

이후 김종희는 민족주의 색채가 강한 글을 다수 작성했다. 일본 제국의 통치가 계속된다면 조선의 전통은 소멸하고 말 텐데, 이를 지키고 앙양하려면 조선의 전통이 무엇인지 제대로 밝히고 그 아름다움을 선양해야 한다는 취지의 〈진로(進路)〉, 아무리 고생스러워도 조선 민족의 운명을 어깨에 진 2세 교육을 위해 어떠한 고난도 극복해야 한다는 내용의 〈1년 또 그의 기록〉, 평범하게 보낸 지난 한 해를 반성하고 새해엔 더욱 문화와 민족, 민족 문학을 위해 분발하겠다고 다짐하며, 조선 민족의 영원한 평안과 자유, 독립을 동경한다는 내용의 〈생활과 동경(憧憬)〉, 현재의 일제 통치하에선 어떠한 행동도 할 수 없다는 사실에 비분하고, 최소한의 가족애를 통해 민족의식을 강화하자는 내용의 〈문(紋)〉 등이다. 김종희는 1930년대 말에 창간된 문예 잡지 《문장》에 창작 소설을 투고하기도 했으나 불합격으로 게재하지 못했다.

김종희는 직접 잡지 발간에 뛰어든다. 민족문학연구회 회원 박용덕과 몇 차례 의논을 거치고 1939년 7월 하순 고성 동구암에서 만나, 잡지사 경영은 김종희, 자금출자는 박용덕이 책임지기로 했다. 8월 21일엔 경성 사직정의 한 여관에서 회합하고 잡지사 이름을 조선문예부흥사로 정했다. 조선의 전통을 앙양하고, 조선어의 아름다움을 발휘하며, 조선 문사(文士)의 생활을 보장하고, 세대와 문예와의 적극적 교섭을 촉진한다는 경영 방침도 설정했다.

박용덕은 자금을 모집하러 다녔고, 실제로 주변인으로부터 상당한 액수를 확보했다. 그사이 김종희는 유명한 문인을 찾아가 잡지사 경영을 어떻게 해야 하는지 조언을 구했다. 이때 임화가 경영계획서를 작성해 줬고, 박태원은 수지타산 계산서를 만들어 줬다고 한다. 등단도 못 한 사람이 유명 문인을 만나기란 쉽지 않은데 상세한 자문까지 받았다니, 그 정도로 김종희는 진심이었고 진지했다.

그러나 일은 엄한 데서 틀어졌다. 1939년 9월 11일, 용산경찰서 소속 경찰이 동대문 5정목 전차 정류장에서 좌익 잡지를 읽는 사람을 발견해 취조했는데, 알고 보니 김종희의 동생이었다.[5] 거기서 꼬투리가 잡혀 김종희가 벌여 온 모든 활동이 발각됐다. 관계된 사람들이 검거됐고, 심지어 유명 문인들도 불려가 조사를 받았다.[6] 1940년 6월 28일 경성지방법원은 김종희에게 치안유지법 위반으로 징역 1년 6개월을 선고했다. 1941년 8월 30일 출소할 때까지 서대문형무소에서 옥고를 치렀다.

총독부를 겨냥한 삼도교의 대담한 계획
# 함용환

咸用煥

1895. 3. 10~?

**오방기를 앞세워
조선총독부 앞마당에 가서
조선 독립 만세를
삼창할 것이니!**

| 1937년 5월 26일 | 치안유지법 위반 | 징역 2년 |
| 서대문형무소에서 촬영 | 1937년 7월 19일 언도 | 서대문형무소 입소 |
| | 1939년 7월 25일 출소 | 입소 연월일 미기재 |

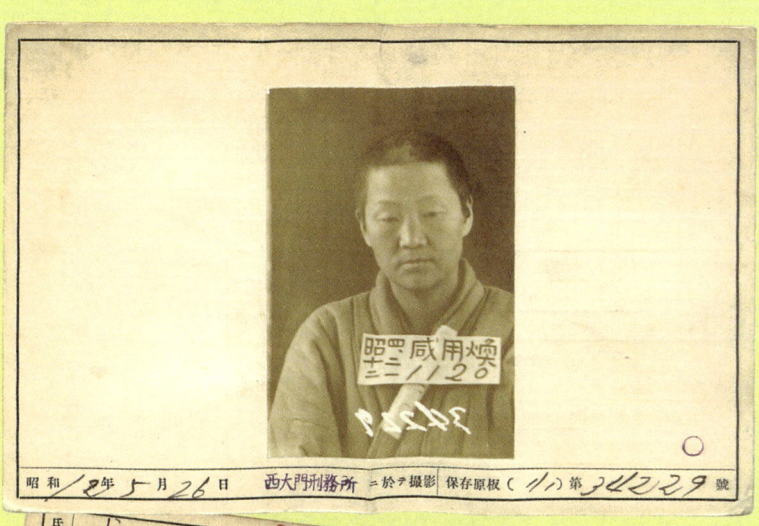

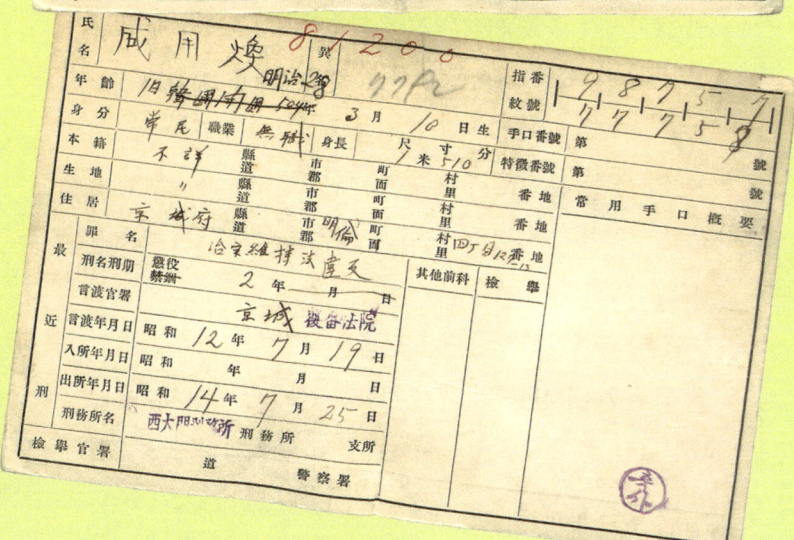

을미사변이 일어난 해, 황해도 연백군 운산면 호산리에서 함용환이 태어났다. 함용녀라고도 불렸다. 14세에 남편 김문오와 결혼해 살았는데, 1932년 2월경 꿈속에서 신령을 받았다. 기도를 하면 부귀가 뒤따르고 자식이 보배롭게 되는 등 바라는 대로 이뤄지는 신통력이 있다고 했다. 이때가 30대 후반이었다.

1934년 1월 26일, 함용환의 남편 김문오가 해주지방법원으로부터 과료 5원에 처해졌다. 연초전매령 위반이랬다. 함용환은 분노했다. 연초전매령이란, 담배의 제조와 판매를 민간에 맡기는 게 아니라 조선총독부가 독점하도록 하는 법이었다. 목적은 총독부의 수입 확충이었다. 이미 1914년부터 연초세령으로 연초의 경작, 판매, 제조, 소비 과정에서 세금을 거두고 있었지만, 시간이 갈수록 쓸 돈이 많아지자 총독부는 1921년 연초전매령을 공포해 담배 전매를 시작했다. 담배를 팔아 얻은 수익금은 총독부 재정으로 사용됐다. 이렇게 되니, 집에서 피우려 소량으로 담배 농사를 짓는 것도 엄히 단속했다. 연초전매령 위반으로 처분된 사람이 1934년 한 해에만 1만 4,651명이었는데,[1] 함용환의 남편도 그중 하나였다.

이 일을 계기로 함용환은 일제가 조선인의 자유를 억압한다고 봤다. 식민지가 되기 전까진 술과 담배를 자유롭게 만들었는데, 총독부가 들어서니 하나둘 억압하고 금지했다. 함용환은 조선 독립을 절절히 바랐다.

1934년 12월, 함용환은 남편의 본적지 강원도 회양군 장양면 병이무지리로 이주한다. 남편이 받은 처벌로 생활 기반이 크게 흔들렸을 것이다. 함용환은 이곳에서 삼도교 (三道敎)라는 종교를 창시했다. 본인의 신통력에 유교, 불교, 도교, 이른바 '유불선'을 가미한 종교였다. 더하여 삼도교는 조선 독립을 주목표로 내세웠는데, 기도를 열심히 하면 조선은 독립을 이룰 것이며, 그날이 오면 삼도교 신자들은 고위 관직에 오르고 부를 얻으리라고 가르쳤다. 교주 함용환의 포교로 주변 인척과 마을 주민들이 입교했다. 아들 부부 김점손과 엄주인, 엄주인의 언니 엄주현, 마을의 김흥섭, 김흥진, 김흥렬, 김흥식, 김흥엽 형제, 김흥섭의 매제 이병렬 등이었다.

삼도교가 어느 정도 자리를 잡아가자, 함용환은 실질적인 독립운동을 벌이기로 했다. 1936년 9월 16일, 신도들을 집으로 불러 모아 천도교에 위장 입교할 것을 지시했다. 솔직히 삼교도만으론 힘이 부족하니, 천도교의 힘을 빌리자는 생각이었다. 터무니없는 계획은 아니었다. 이미 1919년 3·1운동 때 천도교의 실력이 발휘된 바 있었고, 1936년 8월부터는 천도교도들 사이에 일본의 멸망을 비는 기도 운동이 벌어지는 중이었다.[2]

1936년 12월 20일 함용환과 엄주현은 경성으로 올라가 천도교 중앙간부 최준모를 찾았다. 둘은 조선 독립의 날이 가까이 왔다면서, 조선총독부 앞뜰에서 조선 독립 만세를 삼창해 사람들의 참여를 이끌 계획이니 천도교도 합류하라고 설득했다. 최준모가 거절했지만, 그렇다고 포기할 생각은 없었다. 안 되면 삼교도 단독으로라도 만세 시위를 거행할 각오였다.

1937년 1월 하순, 함용환은 신도들을 집으로 불러 이렇게 말했다.

**조선 독립의 목적을 달성하기 위해 우리 삼도교도는 오는 3월 9일 조선총독부 앞뜰에서 조선 독립 만세를 삼창할 것인데, 3월 5일까지 모두 경성에 가서 대기하라.**

함용환은 계획을 실행에 옮기기 위해 경성에 셋방을 구했다. 경성부 명륜정 4정목, 지금의 서울 혜화동이니 조선총독부와 멀지 않았다. 1937년 3월 6일 함용환은 거사를 앞두고 천도교 측과 접촉을 한 번 더 시도했다. 엄주현을 최준모 집으로 보냈지만, 최준모는 재차 거절했다. 거사 전날인 3월 8일 함용환을 포함해 삼도교도 열두 명이 모였다. 이 자리에서 함용환은 이렇게 얘기했다.

**우리는 조선 독립을 위하여 내일 9일 정오를 기해 적의 탄**

**환도 우리를 명중하지 못하는 오방기를 앞세워 조선총독부 앞마당에 가서 조선 독립 만세를 삼창할 것이니 나의 지휘에 따라 각자는 명에 따르라.**

오방기를 제작해 청색기엔 동방청제장군(東方靑帝將軍), 백색기엔 서방백제장군(西方白帝將軍), 적색기엔 남방적제장군(南方赤帝將軍), 흑색기엔 북방흑제장군(北方黑帝將軍), 황색기엔 중앙황제장군(中央黃帝將軍)이라 적었다.³ 다섯 신이 삼도교도를 지켜주리라 믿고, 바랐다.

1937년 3월 9일 거사 날, 모든 준비를 마치고 대기하던 삼도교인들은 긴급 출동한 종로경찰서 경찰에게 전부 검거된다. 조선총독부 바로 앞에서 독립 만세를 외친다는 대담한 계획은 실패로 돌아갔다. 당시 총독부 건물 안에선 1940년에 있을 일본 초대 천황 즉위 2,600년 기념식 계획 마련에 한창이었다.⁴ 만약 삼도교도의 만세 시위가 성공해 총독부 직원들이 창밖으로 이를 목격했다면 무슨 생각이 들었을까.

이 사건으로 함용환은 1937년 7월 19일 치안유지법 위반으로 징역 2년을 선고받는다. 1939년 7월 25일에 풀려나기까지 서대문형무소에서 형을 살았다.

강원 산골의 독립 인재 양성 프로젝트
# 박재만

朴在萬

1917. 6. 7~?

**두 소년의 행동으로
신라는 백제를 정복했으니,
여러분도 조선을 위한
훌륭한 인물이 되어라.**

1941년 7월 12일
서대문형무소에서 촬영

치안유지법 위반 | 징역 1년 |
1941년 10월 9일 언도 | 서대문형무소 입소 |
1942년 7월 11일 출소 | 입소 연월일 미기재

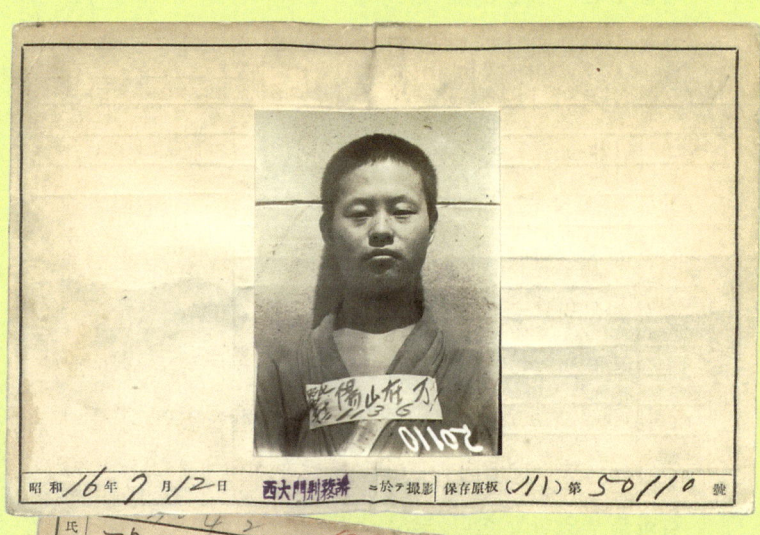

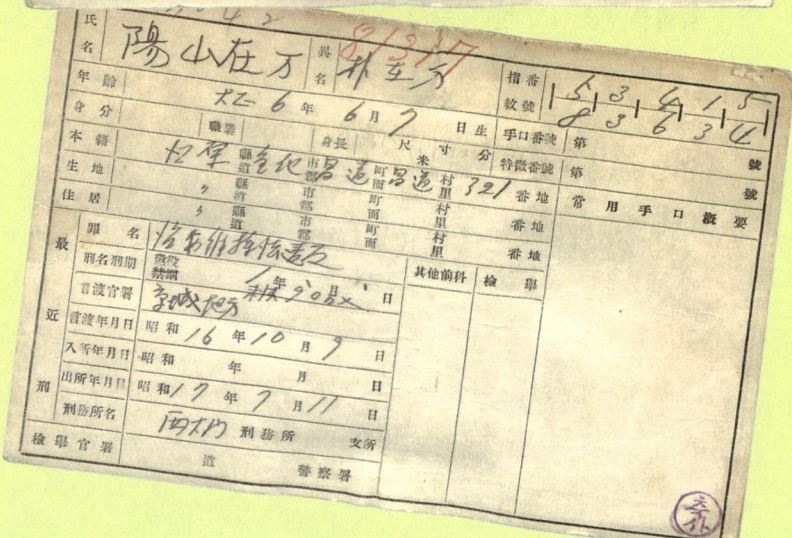

박재만은 강원도 금화군 창도면 창도리에서 태어났다. 어린 시절은 경성에서 보냈는데, 아마도 아버지 박진하(朴鎭夏)가 경성에서 목회 활동을 했기 때문일 것이다. 유아 세례를 받은 박재만은 열 살 무렵부터 교회를 다녔다. 광희문 안쪽 동대문교회 목사 조신일(趙信一)의 설교와 기도를 들으며 민족의식을 키웠으며, 주교보통학교 재학 중 배웠던 내선일체식 교육에 강한 반감을 품었다. 18세엔 아버지가 창도면의 창도교회에 전임하면서 함께 창도리의 태어난 집으로 돌아왔다. 박재만은 창도교회 서기를 맡는 한편 운송점 사무원으로 취직해 일했다.[1]

감리교인으로서 박재만이 조선 민족 구원과 독립의 염원을 행동으로 옮기겠다고 마음먹은 시기는 1937년 말이었다. 우연히 만난 이효선이란 학생과 이야기를 나누곤 큰 감화를 받았다고 한다. 당시 춘천농업학교 4학년 학생이던 이효선은, 학교에서 동급생들과 독서회를 만들어 조선의 독립 방안을 토론하던 열혈 독립운동가였다.[2] 1938년 1월 10일 두 사람은 창도리 마을의 한 길가에서 만나 좀 더 구체적인 실천 방략을 논의했다. 그 결과, 독립운동에는 인재가 필요하니 창도교회의 에베소청년회라는 조직을 활용해 인재를 양성하기로 했다.

에베소청년회는 예전에 청년 신도들의 친목을 위해 결성되었는데, 시간이 흘러 유명무실해진 상태였다. 이걸 다시 활성화해 독립에 필요한 인재 양성기관으로 삼는다는 생각이었다. 더불어 회원들에게 이광수의 소설 《흙》을 읽혀 민족의식을 함양시키기로 했다. 1938년 1월 16일의 임시총회로 부활한 에베소청년회는 월례회를 열었다. 박재만은 20명 정도의 회원 앞에서 '하나의 마음'이란 제목으로 신앙의 지조를 영원토록 간직해 일치단결하자고 강조했다.

1938년 5월 강종근 목사가 창도교회에 부임했다. 그는 청소년기 만주에 살면서 다닌 교회에서 민족의식을 키웠고, 민족주의 교풍을 가진 경성 협성신학교를 나와 목회자가 되었다.[3] 그의 설교엔 이러한 이력이 반영됐다.

> 바울은 계급과 국경을 초월하여 참 그리스도의 정신을 선교하였는데 우리에게도 이와 같은 큰 배려가 있어 우리 조선 동포를 구원할 것이다. (1937년 2월, 연천교회)
>
> [조선] 반도는 영적으로 해골화되었다. 약자의 무기는 단결이다. 그러나 민중은 단결하지 않고 서로 대립 항쟁하고 있다. 마땅히 우리 조선 동포는 단결해야 한다. (1938년, 창도교회)

박재만이 보기에 강종근은 믿고 따를 만한 지도자였다. 1938년 9월 어느 날 박재만은 강종근의 집으로 찾아가 이야기를 나눴다. 조선 독립을 위해선 어떻게 해야 하는지,

현재 자신이 실행 중인 방법이 옳은지 물었으리라. 이 자리에서 강종근은 조선 독립 달성에는 인재 양성이 필요하니 청년 네댓 명을 모아 가르치라고 했다. 에베소청년회가 있는 상황에서 새롭게 청년을 모으라는 말은, 애초 친목 도모 모임으로 시작한 에베소청년회 말고, 좀 더 목적의식이 분명한 조선 독립을 위한 인재 양성 조직을 운영해 보란 말이 아니었을까 싶다. 실제로 판결문 기록엔 이 시점 이후 에베소청년회 이름은 등장하지 않고 소년선교회란 명칭이 등장한다. 아마도 소년선교회는 박재만이 강종근의 지시를 받아 새로이 만든 조직이라고 생각된다.

박재만은 소년선교회 회원들을 직접 가르쳤다. 1939년 1월 15일 일요일 소년선교회원들에게 이렇게 말했다.

> **나이 어린 두 소년이 목숨을 걸고 행동한 결과 백제를 정복하는 큰 결실을 얻었으니, 여러분도 주인이 되어 조선을 위한 훌륭한 인물이 되어라.**

김유신의 신라군이 황산벌에서 계백의 백제군과 맞닥뜨렸을 때 화랑 관창과 반굴의 희생으로 승리를 거둘 수 있었으므로, 너희들도 나라를 위해 목숨 바칠 수 있는 정신을 갖추라는 말이었다. 1939년 2월 어느 날에는 이런 얘기도 전했다.

**궁예는 불운을 참고 견디며 자신의 일에 최선을 다한 결과 나라를 건설할 수 있었으니, 너희들은 궁예를 본받아 어떤 어려움도 참고 견디어 훌륭한 인물이 되어야 한다.**

그 뒤로도 한국사의 위인으로부터 얻은 교훈을 전하는 가르침은 적어도 1940년 3월 10일 일요일까지 이어졌다.

그러나 박재만의 독립 인재 양성 프로젝트는 발각되고 마는데, 강종근의 체포와 연관된 것으로 보인다. 일제의 눈에 아슬아슬한 설교를 지속하던 강종근은 1940년 6월,[4] 철원군 철원읍 관전리의 철원교회 재임 중 경찰에 붙잡혔다. 강종근이 근무한 교회들에 대한 경찰의 전방위 조사가 시작됐고, 그러는 사이 박재만의 활동도 드러났다. 일제는 강종근과 박재만을 하나의 사건으로 묶어 처리했다. 1941년 10월 9일 경성지방법원은 강종근에게 징역 1년 6개월, 박재만에게 징역 1년을 선고했다.[5] 치안유지법 위반이었다. 박재만은 서대문형무소에서 옥살이한 끝에 1942년 7월 11일 출소했다.

## 일본의 패전을 입에 올리다
# 양준규

梁駿奎

1908. 4. 27~?

**일본군의 연전연승
보도는 과연 의심스럽다.
일본군은 결국
패전하게 될 것이다.**

**1938년 12월 5일
서대문형무소에서 촬영**

**치안유지법·육군형법 위반 | 징역 2년 |
1940년 8월 13일 언도, 서대문형무소 입소
| 1941년 4월 19일 출소**

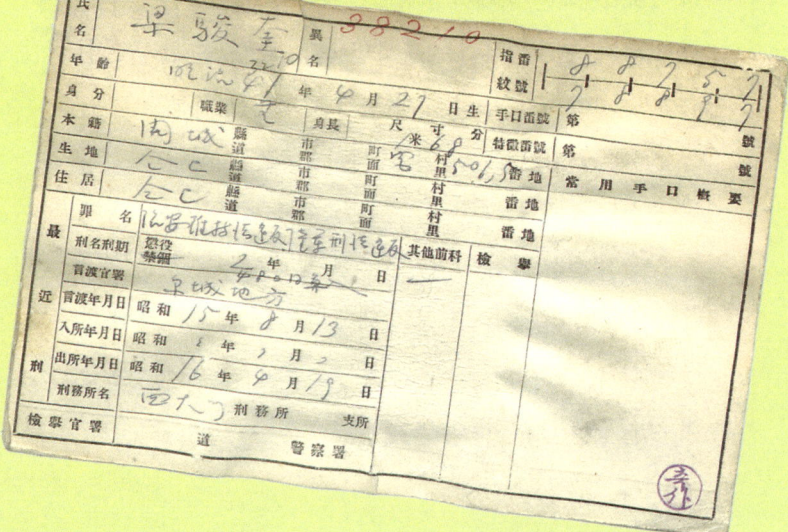

1938년 8월 중순, 양준규와 이종익 등 네댓 명이 경기도 개성부 황금정(黃金町)의 도덕정(道德井)이란 약수터에 모였다. 이 자리에서 양준규는 이렇게 말했다.

**연일 군대 수송 행렬이 있는 것은 일본군의 전사자가 다수라는 것이다. 신문에서 일본군은 연전연승이라고 보도하지만 과연 진실인지 의심하지 않을 수 없다. 중국의 배후에는 소비에트 러시아의 원조가 있고 또한 중국은 인구, 물자 모두 풍부하여 비행기도 가지고 있다. 일본군은 결국 패전하게 될 것이다.**

일제의 중국 침략으로 시작된 중일전쟁을 두고 한 얘기였다. 이미 만주를 차지하고도 일제의 야욕은 멈추지 않았다. 1935년에는 허베이성(河北省) 동부에 괴뢰정권을 수립했고, 1937년 7월부터는 중화민국과 전면전을 개시했다. 1937년 12월 중화민국 수도 난징을 점령한 일본군은, 이듬해 3월 또 다른 괴뢰정권을[1] 세워 승리를 자신한다. 하지만 중화민국 장제스(蔣介石) 정부는 수도를 저 깊숙이 충칭으로 옮겨 결사 항전했다. 일제의 예상과 달리 전쟁은 쉬이 끝나지 않았고 오히려 답보 상태에 놓인다. 일제의 세력 확장을 심각히 우려하는 소련, 영국 등의 나라도 중화민국을 원조하고 있었다.[2]

양준규는 이런 국제 정세를 정확히 간파했다. 경의선 기찻길이 개성을 지나갔으므로 중국을 향하는 군인과 군수물자가 기차에 잔뜩 실려 가는 장면을 볼 수 있었을 터였다. 1938년 4월부터는 조선총독부에서 육군특별지원병제를 실시해 홍보에 나섰다. 조선인을 '반도 동포'라고 부르며 지원을 독려했다.[3] 소련의 원조가 확실하다는 장제스의 발언, 중국 측 전투기 현황 같은 정보도 중국 비판 기사에 섞여 언론에 흘러나왔다.[4] 맨날 전쟁에서 이기고 있다는데 끝날 기미는 안 보이니, 일제의 전황이 어렵다고 판단하는 게 당연했다.

양준규는 이른바 요시찰인이었다. 1936년 말부터 시행된 조선사상범보호관찰령에 의거한 것으로, 경찰은 치안유지법 위반자 중 형을 마쳤거나 집행유예 처분을 받은 사람을 합법적으로 감시하고 주거, 통신, 교우에 대해 통제할 수 있었다. 아무리 처벌해도 재차 독립운동을 할 가능성이 크니, 모의 작당하기 전에 미리 싹을 자르겠단 의도였다.

개성부 궁정(宮町)에서 나고 자란 양준규는 개성제2보통학교에 다니다가 중간에 그만두고, 송도고등보통학교에 입학했다가 또다시 중퇴했는데, 돈이 없어서였을 가능성이 크다. 대신 양준규는 사회주의 서적을 탐독했고, 자연히 비슷한 생각을 가진 동료들을 만나게 되어 개성공산당에 가입했다. 이종익도 함께 활동한 개성공산당원이었다.

1927년 11월 고려의 왕궁터인 만월대에서 결성된 개성 공산당은 다른 사회주의 조직과 연결됐다기보다 자생적으로 운영된 조직이었다. 당원 모집에 주력하면서도 1928년 3월 1일에 3·1운동 기념 격문을 배포한다는 계획을 세웠다가 조직이 경찰에 발각될 수 있다는 걱정에 중지한 적이 있었다. 양준규는 1928년 10월경 조사부장에 선임되는데 불과 한 달이 채 못 되어 조직이 경찰에 포착된다. 이 사건으로 1929년 10월 양준규는 징역 3년을 선고받는다. 치안유지법 위반 전과가 있었기 때문에, 1938년 4월 30일 경성보호관찰소의 요시찰인으로 등록되었다.

양준규의 중일전쟁 관련 발언은 결국 경찰의 귀에 들어갔는데 연유는 이랬다. 개성공산당 결성에 깊이 관여한 김정환(金貞煥)이란 인물이 있었는데, 개성공산당원들이 경찰에 검거될 무렵엔 이미 도주해 수배 중인 상태였다. 그런데 1938년 9월 초 경찰에 한 첩보가 입수되었다. 김정환이 최근 인천에 잠입했다는 내용이었다. 조사에 착수한 인천경찰서는 개성의 이종익을 찾아갔다.

이종익은 개성공산당 사건으로 재판받을 때 집행유예 처분을 받았으나 개성공산당 재건을 시도하다가 다시 잡혀 5년 넘게 옥살이를 겪고 나왔다. 그랬으니 어쩌면 이종익이 김정환과 연락하거나 그의 소식을 알고 있을지도 모른다는 판단이었다. 취조 결과, 경찰은 김정환과 관련해 별

다른 수확을 얻지 못했지만 뜻밖의 정보를 얻는다. 양준규, 이종익 등 개성공산당 사건 관련자들이 종종 만난다는 내용이었다.[5] 꿍꿍이가 있을 거라고 본 경찰은 조사를 확대했고, 결국 양준규의 발언 사실을 확인했다. 더불어 *1938년 음력 정월* 어느 날, 양준규, 이종익 등 세 명이 모인 술자리에서 공산주의 운동을 지속하려면 각자 직장에서 할 일을 해야 한다는 얘기가 나왔단 사실도 확인했다.

양준규, 이종익, 원점룡 등 세 명이 재판에 회부됐다. 재판 전까지 구류일 수만 해도 *480여 일*이었다. 모두 치안유지법 위반으로 징역 2년이 선고됐는데, 양준규의 죄목에는 육군형법 위반도 추가됐다. 군사에 관해 조언비어(造言蜚語), 즉 근거 없이 말을 꾸며 냈다는 것이다. 양준규는 서대문형무소에서 옥고를 치르고, *1941년 4월 19일*에 형을 마친다.

## 식민사관을 반박한 소학교 교사
# 홍순창

洪淳昌

1904. 2. 5~1956. 11. 21

이것이 슬프지 않으면
무엇이 슬프겠는가?
나는 너희 장래를 생각하여
우는 것이다.

1941년 6월 6일 촬영, 장소 미기재 | 치안유지법 위반 | 징역 2년 | 1941년 8월 19일 언도, 서대문형무소 입소 | 1943년 4월 21일 출소

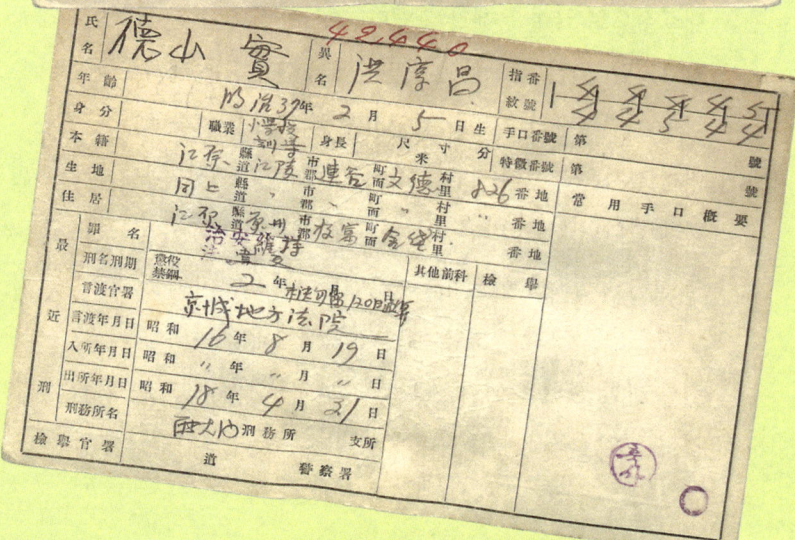

홍순창은 강원도 강릉군 연곡면 동덕리에서 태어났다. *1924년* 강릉보통학교를 졸업하고, *1926년*엔 *2년* 과정의 강원도사범학교 특과(特科)를 졸업, 초등교원으로 임용됐다. 통천보통학교를 시작으로 김화보통학교, 철원군 어운보통학교를 거쳐, *1937년 3월* 양구군 해안보통학교에 근무했다. 해안보통학교 교명은 조선교육령 개정에 따라 *1938년 4월*부터 매동심상소학교로 변경된다.[1]

비록 조선총독부 소속 교사로 식민 당국의 명을 따라야 하는 신분이었지만, 홍순창의 마음엔 조선 독립의 열망이 가득했다. 홍순창은 *1910년* 경술년의 치욕적인 국권 피탈을 슬퍼했다. *1910년*이면 일곱 살 때인데, 자라면서 경술국치의 의미를 알게 되었을 것이다.

홍순창은 일제의 조선인 관리 차별 대우에도 분노했다. 대표적으로 급여 문제가 그랬다. 조선인 교원은 본 급여만 받았지만, 일본인 교원은 식민지에서 근무하는 대가로 본 급여 절반가량의 가봉이 붙었고, 숙사료까지 지급받았다.[2] 이런 정책은 조선인 교원들이 스스로 식민지 백성임을 자각하게 한다며, 그럴 바엔 일본인 교원을 줄이고 조선인 교원을 늘려 재정지출을 줄이자는 볼멘소리가 나오기도 했다.[3]

홍순창은 기회가 있을 때마다 학생들의 민족의식을 고취할 만한 발언을 이어갔다. *1938년 4월*에서 *1939년 2월* 사이, 5학년 국사 수업 시간에 이렇게 말했다.

**교과서에서 신라왕은 일본군의 번영한 모습을 보며 두려움을 품고, 매년 공물을 바치기로 약속하고 항복했다고 하지만, 당시 신라는 강국이었기 때문에 일본군에 항복하고 공물을 바쳤다는 것은 완전히 허위이다.**

조선인은 고대부터 일본에 굴복했으니, 일제가 조선을 식민지로 삼은 것은 정당하다는 식민사관에 대한 비판이었다. 홍순창은 이런 논리가 얼마나 허구인지 잘 알았고, 학생에게도 알렸다. 일제 교육정책에 정면으로 반기를 든 셈이었다.

1939년 9월 9일, 2학년 학생 둘 사이에 싸움이 벌어졌다. 일본인 교장 구보 이치로(久保一郞)의 아들과 조선인 학생이었다. 싸움을 제지하는 과정에서 교장은 편파적으로 조선인 학생을 때리고 꾸짖었다. 학생이 두려워한 나머지 똥오줌을 쌀 정도로 심한 구타였다. 홍순창은 이 광경을 목격하곤 울분을 토하며 함께 있던 6학년 학생들에게 이렇게 말했다.

**너희도 일본인 교장이 조선인 아동을 구타하는 것을 보았을 것이다. 이것이 슬프지 않으면 무엇이 슬프겠는가? 나는 너희 장래를 생각하여 우는 것이다.**

여기에 자극받은 6학년 학생들은 단체행동을 계획했다. 1939년 9월 13일 1교시 교장이 수업을 하고 있을 때 반 학생이 다 같이 귀가하는 동맹휴학을 시도했지만, 곧 제지되었다. 하지만 그날 밤 교장과 내선일체를 비난하는 내용의 벽보를 교문 옆 게시판에 써 붙였다.[4]

1940년 2월 무렵엔 6학년 학생들에게 이렇게 말했다.

**조선이 일본에 병합되었기 때문에 선조부터 전해져 사용해 온 성명까지도 바꾸지 않으면 안 되니 실로 억울하다.**

1940년 2월부터 강요된 창씨를 두고 한 말이었다. 홍순창은 성 홍(洪) 대신 씨 덕산(德山)을 사용하게 된다. 이름을 일본식으로 바꾸는 건 선택 사항이었는데, 그는 이름도 실(實)로 바꿨다. 홍순창의 강한 반일 성향을 감안해 추정해 보면, 당국의 강요로 이름을 변경했을 것이다.

1940년 3월경 홍순창은 졸업을 앞둔 6학년 국사 시간에 한일병합 부분을 가르치며 이런 말을 덧붙였다.

**조선인은 한일병합에 크게 반대하고 있었는데, 당시 한국 통감 이토 히로부미가 만주 시찰을 하러 하얼빈에 갔을 때 조선인 안중근에게 권총으로 암살당한 사실을 보더라도 얼마나 조선인이 한일병합에 반대했는지 알 수 있다.**

**우리는 이러한 민족정신을 충분히 존중하여 조선 민족 해방을 위해 활동해야만 한다.**

홍순창의 이러한 행적은 결국 발각되고 만다. 6학년 졸업생들이 '조선 독립' 등을 낙서했다가 경찰에 포착된 것이다. 6학년 학생을 지도한 홍순창에게도 의심의 눈길이 쏠렸고, 1940년 5월부터 원주군 판부소학교 부설 금대간이학교에서 근무하던 홍순창은 얼마 안 가 붙잡힌다.

홍순창은 1941년 8월 19일 재판에서 치안유지법 위반으로 징역 2년을 선고받았다. 서대문형무소에서 옥고를 치른 뒤 1943년 4월 21일에 출소했다. 해방 후엔 주문진국민학교 교장에 취임해 1949년 시점까지 직을 유지한 사실이 확인된다.[5]

## 불온 낙서를 남긴 엘리베이터 보이
# 최영순

崔榮淳

1922. 10. 24~?

## 불쌍한 동포여
## 일어나라,
## 대한 독립 만세!

| 1940년 8월 5일 서대문형무소에서 촬영 | 치안유지법 위반 | 징역 8개월 | 1941년 10월 2일 언도, 서대문형무소 출소 |

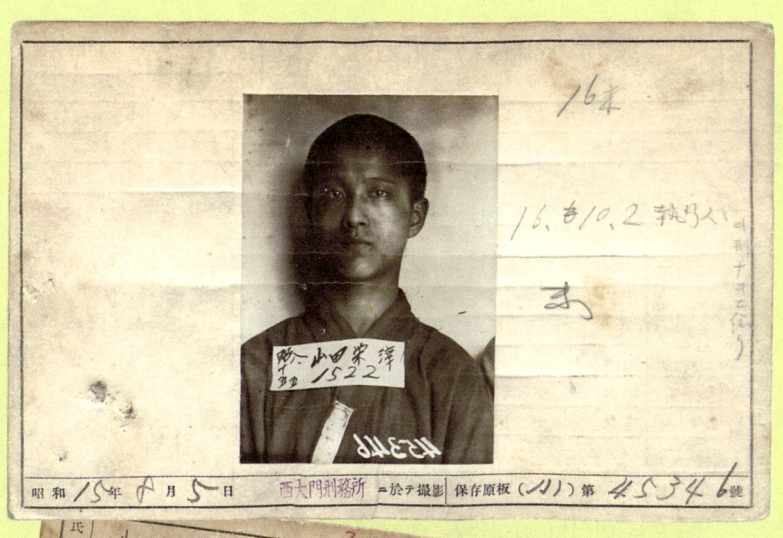

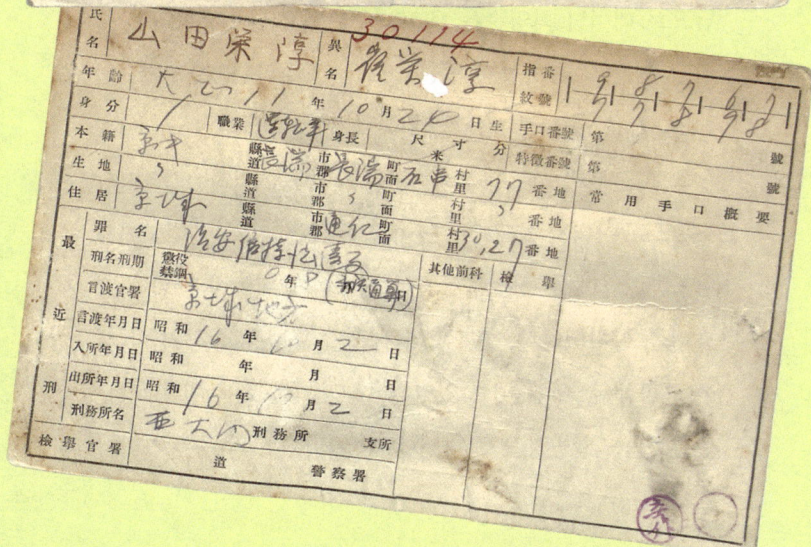

1940년 5월 1일 종로경찰서가 발칵 뒤집혔다. 조선총독부 3층 서쪽 화장실 벽면에서 불온한 낙서가 발견됐기 때문이었다.

**あわれなる同胞よ立て** (불쌍한 동포여 일어나라)
**大漢独立万歳** (대한 독립 만세)

한국의 상징인 태극 마크도 함께였다.[1] 일본어로 적었지만 누가 봐도 조선인이 쓴 게 분명했다. 생각이 잘 안 났던 걸까, 아니면 긴장해서 그랬을까. 대한(大韓)의 '韓' 자를 '漢'이라 썼다.

범인은 18세 최영순으로, 조선총독부 청사에서 일하는 승강기 운전수였다. 경기도 장단군 장단면 석곶리에서 장남으로 태어난 최영순은 1938년 3월에 진남보통학교를 졸업했다. 이후 잡화상점 점원으로 잠시 일하다 1939년 1월 17세 때 조선총독부 승강기 운전수로 채용된다.[2]

1926년부터 사용된 조선총독부 청사는 지하 1층, 지상 4층으로 이뤄져 1,500여 명이 근무하는 거대 건축물이었다. 건물 안에서 사람과 물자를 신속하게 이동하기 위해 승강기를 설치했는데, 설계도에 따르면 화물용 승강기 한 대를 포함해 총 아홉 대가 있었다.[3] 승강기는 총독 전용, 정무총감 전용, 일반용으로 나뉘어 운영되었다. 각 승강기마다 이른바 '엘리베이터 보이'가 배치됐다. 최영순은 일반용을 담당했다. 그는 통인정(通仁町, 지금의 통인동)에서 출퇴근하며, 매일같이 식민 지배 핵심 관계자들을 위아래로 실어 날랐다.

최영순이 이른바 불온낙서를 남긴 배경엔 조선인 승강기 운전수 네트워크가 있었다. 경천중, 최명근, 최종유가 바로 그들이었다. 여기에 최영순까지 10대 후반 '엘리베이터 보이' 4인이 모여 교류했다.

시작은 경천중과 최명근이었다. 김동인과 이광수의 소설을 읽으며 민족의식을 키운 두 사람은, 1939년 4~5월경 옥상과 휴게실 등지에서 독립운동에 관한 대화를 나눈다.

> 공산당 대장 김일성은 조선과 만주 국경에서 일본군과 여러 번 교전하여 이들을 격멸하는 개가를 올리고 있다. 이 부대는 조선과 만주 국경 밀림 속에 주둔하며 조선에 올 기회를 엿보고 있으니, 이 부대가 조선에 와 그 일부를 점거하면 우리는 김일성의 산하로 달려가 독립운동의 일익이 되어 활약하자. (최명근)

> 이번 사변[중일전쟁]에서 일본이 패배하는 것은 물론이고, 조선 독립 단체인 상하이 임시정부원들은 중국 사변 후 전장(鎭江) 부근에서 장제스 정부로부터 상당한 원조를 받

**는다. 또 미국의 조선 동포들로부터 운동 자금의 보조를 받아 배일운동에 분주한데, 그 활약은 용감하여 사람들에게 존경받을 만한 일이다. 우리도 역시 어떠한 방법으로든지 이들을 원조해야 한다.** (경천중)

경천중과 최명근은 중일전쟁의 결과 일제가 패망할 것이라고 확신했다. 영국, 프랑스, 소련 등이 중국을 지원하는 중이고, 하락세를 보이는 일본의 경제가 중국과의 장기전을 버티지 못할 것이라 보았다. 이런 상황에서 두 사람은 대표적인 해외 독립운동 세력에 주목했다. 중국공산당과 연합해 일본에 맞서 유격전을 전개하던 김일성, 그리고 윤봉길 의거 이후 중국국민당 정부의 지원을 받으며 반일 투쟁을 벌이던 대한민국임시정부였다. 두 사람의 대화에 드러나듯, 김일성과 임시정부는 존재 자체만으로도 당시 조선인들에게 독립의 희망을 불어넣었다. 다만 임시정부가 전장에 머문 시기는 1935~1937년이므로, 경천중이 입수한 임시정부 관련 정보는 약 2~4년 전 것이었다.

1939년 8월 22일부로 경천중이 퇴사하자,[4] 최명근은 후배인 최영순, 최종유와 조선 독립을 논의하기 시작했다. 1940년 1월 어느 날 총독 전용 승강기 안에서 최명근이 최영순과 최종유에게 말했다.

한일병합은 요컨대, 우리 선배(先輩)의 불충성, 불성실과 위정자의 잘못된 정치에 기인한 것으로 우국지사 등은 한일병합 후에도 여전히 해외에서 독립운동을 하는 중이다. 특히 공산당 대장 김일성은 수백 명의 부하를 인솔하고 조선·만주 국경에서 일본군과 여러 차례 교전하여 그들을 섬멸하였다. 기회를 엿보다가 그의 부대가 일약 조선에 들어와 일본 세력을 몰아내면 조선 독립은 가능하므로, 우리도 원조해야 한다.

한반도의 최고 통치자, 조선 총독 미나미 지로가 하루에도 수차례 탑승하는 엘리베이터 안에서, 새파란 조선인 승강기 운전수 세 사람이 김일성의 활약과 조선 독립을 논했다. 최명근의 말에 최영순과 최종유도 동의했다.

그로부터 석 달 뒤인 1940년 5월 1일, 최영순의 낙서가 발견된다. 이 사건으로 최영순 등 네 청년이 줄줄이 잡혔고, 1941년 10월 2일에서야 판결이 선고된다.[5] 수사 과정에서 최영순에게 중일전쟁 관련 비밀문서 절도 혐의가 추가됐으나, 증거가 불충분했는지 면소 처리됐다. 최영순은 징역 8개월을 선고받지만, 이미 서대문형무소에 8개월 이상을 갇혀 지냈으므로 판결과 동시에 석방됐다.

## 한낱 도둑에서 독립운동가로
# 이제국

李濟國

1916. 5. 1~?

**지금까지의 삶을 청산하고
독립운동에 투신하겠다.**

| 1941년 3월 1일 서대문형무소에서 촬영 | 보안법·육군형법 위반 | 징역 2년 | 1941년 5월 16일 언도, 서대문형무소 입소 | 1943년 4월 16일 출소 |

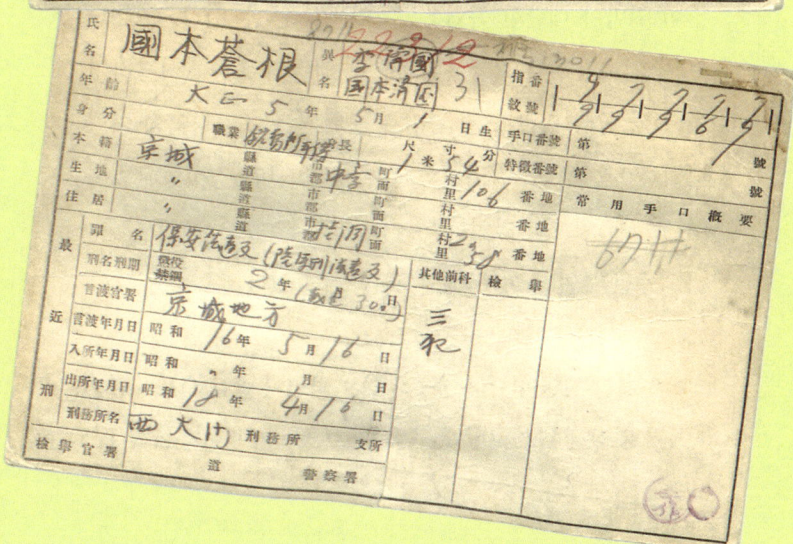

이제국은 경성부 중학정(中學町, 지금의 중학동) 금싸라기 땅에서 태어났지만 가난했다. 보통학교 5학년까지 다니다가 1931년 3월 생계 곤란으로 중퇴했다. 그 후 그는 안타깝게도 도둑의 삶을 택했다. 1933년에 절도로, 1937년에 주거침입과 절도로 징역을 살았다. 이른바 잡범이었다. 1939년 3월 16일엔 공무집행 방해죄로 징역 8개월을 선고받고 마포에 있는 경성형무소에 수감됐다. 그런데 이때 한 사람을 만나고 인생의 방향이 바뀐다.

바로 오동진(吳東振)이었다. 1889년생 오동진은 안창호가 세운 평양 대성학교를 졸업한 인재로, 1919년 3·1운동 직후 만주로 건너가 1927년 체포될 때까지 독립군으로 헌신했다. 광제청년단 단장, 광복군총영 총영장, 정의부 군사위원장, 고려혁명당 간부 등등 화려한 이력만 보더라도 오동진이 얼마나 대단한 독립운동가였는지 알 수 있다. 1925년 10월 임시정부에서 국무위원으로 임명되었으나 거부하기도 했다. 밀정의 밀고로 붙잡힌 오동진은 무기징역에 처했다가 20년형으로 감형받았으며, 1939년엔 경성형무소에서 옥고를 치르고 있었다.[1]

오동진을 만난 이제국은 꾸지람을 들었다.

**조선 청년이 되어 절도죄 같은 파렴치 범죄보다, 독립운동 같은 죄로 처형되는 걸 숙원으로 여겨야 하지 않겠나?**

이제국은 이 태산 같은 독립운동가의 말에 부끄러움을 느꼈고 깊이 반성했다. 그리고 자신도 독립운동에 투신하리라 마음먹는다.

전쟁과 함께 금 수요가 급증했고, 조선 땅엔 소위 황금광(黃金狂) 열풍이 불었다. 수많은 광산이 개발됐으며, 관련 행정 사무 처리를 업으로 삼는 광무소도 곳곳에 생겼다. 이제국은 출소 후 광무소에 취업해 생계를 유지하면서, 독립운동 동지를 모을 기회를 엿보았다. 1940년 여름, 계동정(桂洞町, 지금의 계동) 2번지의 같은 하숙집에 사는 학생 무리가 이제국의 눈에 띄었다. 지방에서 올라와 자취하는 한성상업학교 학생들이었다.

이제국은 자기가 독립운동하다 투옥된 사람이라며 학생들의 이목을 끌어 8월 14일 조남권 등을 한자리에 모았다. 이 자리에서 이제국은 예전에 서대문형무소 수감 중에 들은 〈서대문형무소가〉를 불렀다. 인왕산과 금화산 사이에 독사 같이 에워싸고 경성 장안을 바라보는 서대문형무소. 이천만 동포를 강제노동시키고 일본의 부귀와 영화를 풍족하게 한다. 대략 이런 내용이었다. 수감자가 아니면 알기 어려운 노래를 부르니 학생들은 이제국을 신뢰했다.

8월 16일 이제국은 몇몇 학생을 모아 이렇게 말했다.

**일본은 지나사변(중일전쟁)을 가리켜 성전(聖戰)이라 하지**

**만, 중국 장제스 편에서도 이를 성전이라고 말할 수 있다. 또한 장제스가 승리를 얻을 때 조선도 반드시 독립할 수 있다.**

일제는 팔굉일우(八紘一宇), 즉 온 천하가 한 집안이라고 주장했다. 물론 집안을 이끄는 가장은 일제였다. 이런 시각에서 중일전쟁은 일제에 반대하는 공산주의와 항일 세력을 궤멸하고 일제를 따르도록 하는, 국가 사명을 실천하는 성스러운 전쟁이었다.[2] 이제국은 이게 얼마나 얼토당토않은 소린지 잘 알았고, 중국 처지에서도 성전이 될 수 있지 않냐며 비꼬았다. 조남권은 장제스는 실로 끈기 있는 인물이며 조선 독립도 달성할 수 있다고 맞장구쳤다.

학생들이 자기 말에 공감의 뜻을 내비치자, 이제국은 본격적으로 동지 획득을 도모했다. 다음 날 학생들과 만나 자신과 함께 독립운동에 나서자고 얘기했다. 학생들이 긍정적으로 반응했는지, 이제국은 계속 모임을 이끌었다. 8월 20일에는 학생들에게 이렇게 언급했다.

**조선총독부는 식량 배급을 원활히 한다고 하면서, 백미는 일본 내지로 보내고 조선인에게는 소량의 백미에 보리를 다량 섞어 하루치씩 배급하는데, 이는 참으로 나쁜 정치다.**

전쟁의 장기화는 당연히 식량 부족을 불러일으켰고, 일제는 식량을 직접 통제하기에 이른다. 경성부에선 1940년 5월 3일부터 배급제가 시행됐다. 양곡 배급기관에서 전표를 발행하고, 해당 전표를 가져와야만 양곡을 지급하는 식이었다. 쌀은 군수용, 정부 정책용으로 먼저 거둬들였기에, 이제국의 말처럼 일반 배급용 양곡은 소량의 쌀에 잡곡을 뒤섞은 형태로 지급됐다.[3]

이제국은 8월 24일에는 총독이 내선일체를 외치며 조선인도 일본인과 같은 황국신민이라 내세우면서 도항증명서 요구나 관리 봉급에 차등을 두는 조선인에 대한 차별을 지적했고, 조남권이 적극 공감했다.

그러나 모임은 오래가지 못했다. 학생들에게 조선 독립을 몽상케 하는 사람이 있다는 첩보가 경찰에 입수됐고, 1940년 12월 20일 이제국이 검거된다. 그의 말에 제일 적극적으로 응한 조남권도 기소됐다. 1941년 5월 16일의 재판 결과, 이제국에겐 보안법과 육군형법 위반으로 징역 2년, 조남권에겐 보안법 위반으로 징역 8개월이 언도된다.[4] 이제국은 서대문형무소에서 옥살이한 뒤, 1943년 4월 16일에 풀려났다.

## 중국발 소식이 안겨 준 독립의 희망
# 박기평

朴基平

1903. 7. 25~1972. 9. 8

## 이 결전의 새벽에
## 일본은 멸망하고
## 조선은 독립할 것이오.

| 1941년 3월 6일 서대문형무소에서 촬영 | 육해군형법·보안법 위반 | 징역 1년 | 1941년 6월 17일 언도, 서대문형무소 입소 | 1942년 6월 17일 출소 |

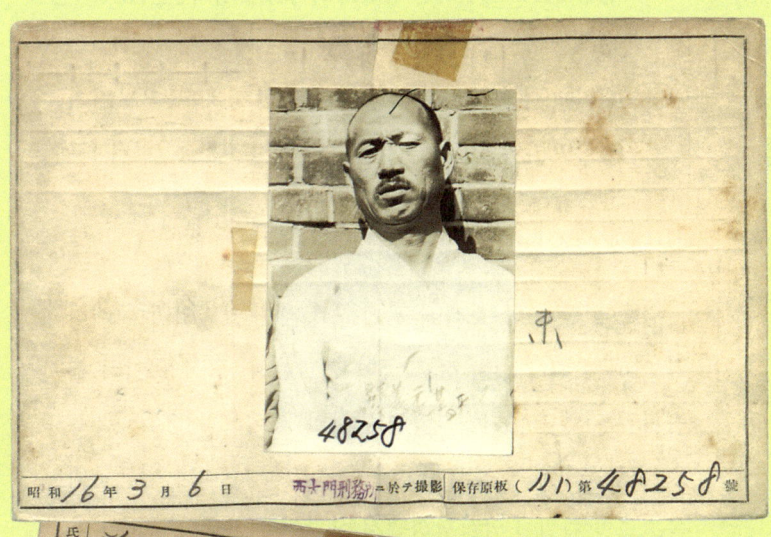

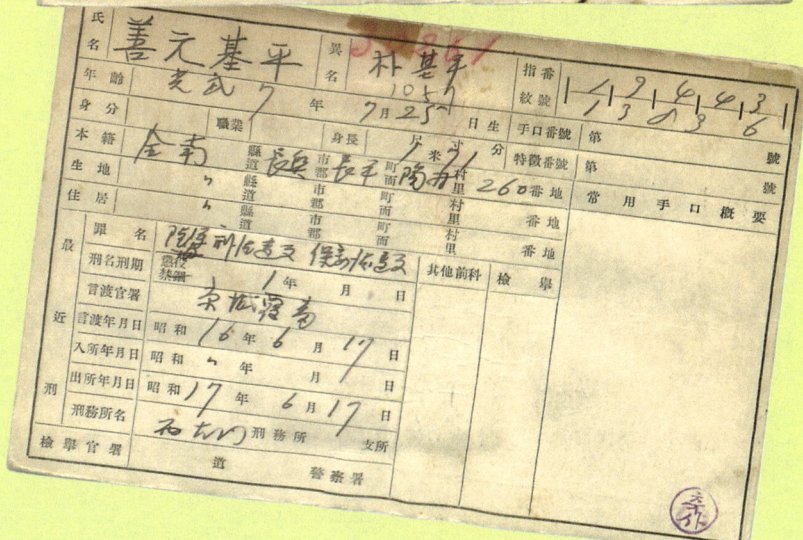

1940년 11월 28일 《매일신보》에 중국발 소식 하나가 실렸다.

> **충칭(重慶)으로부터 온 정보에 의하면 옛 동북군 관료 왕수창(王樹常), … 등은 이즈음 연서(連署)로써 충칭 국방최고위원회에 지금 구이양(貴陽)에 칩거 중인 장쉐량(張學良)을 기용하여 급히 구 동북군을 통솔하고 항전에 종사시키라고 요청했다.[1]**

평소에 중국 쪽 소식에 관심을 두지 않았더라면 이해하기 어려운 기사였다. 청 제국이 붕괴한 뒤 중국엔 여러 세력이 할거했다. 동북 지역엔 만주를 중심으로 장쭤린(張作霖)의 동북군벌이 독자 세력을 구축했다. 그러나 일본군의 음모로 장쭤린이 암살당하면서 상황이 뒤바뀐다. 후계자가 된 아들 장쉐량이 중국 통일을 기도하는 장제스 국민당 정부와 손잡은 것이다. 동북군벌의 군사 조직도 동북군이란 이름으로 국민당 정부 휘하에 편성했는데, 다만 장쉐량이 동북군을 그대로 통솔할 수 있게 됐다.[2]

만주국을 세운 일본군이 차츰 중국 방면으로 밀고 들어오자, 동북군은 근거지를 상실하고 중국 내륙 깊숙이 내려올 수밖에 없었다. 이런 그들에게 장제스는 중국공산당 토벌이 우선이라며 공산당 섬멸을 지시했다. 일본군이 코앞에 총구를 들이대는 와중에 동포인 중국공산당과 싸우는 것은 불필요하다고 판단한 장쉐량은, *1936년 12월 12일* 동북군을 독려하러 온 장제스를 가두고 중국공산당과 힘을 합쳐 항일전쟁에 힘쓰라고 설득했다. 이른바 '시안(西安) 사건'이다. 장제스는 결국 요구를 수락하지만, 자신에게 반기를 든 장쉐량을 가만두지 않았다. 장쉐량을 감금하는 한편 동북군을 재편했다.[3]

그러니까 기사 내용은 옛 동북군으로 활동한 군 관료 여러 사람들이 중국 정부 국방최고위원회에 감금된 장쉐량을 하루빨리 불러내 동북군을 다시 통솔하게 하라고 건의했다는 것이다.

이 기사를 읽고 몹시 흥분한 사람이 있었으니, 바로 박기평이었다. 박기평은 전라남도 장흥군 장평면 양수리 사람으로 자세한 이력은 알기 어려우나, *1932년 2월*에 장평면장의 비행을 계기로 불신임 운동이 일어났을 때 주민 대표를 맡아 도지사를 면회한 점,[4] 판결문상 직업이 농업으로 기재된 점을 감안하면, 장평면에서 어느 정도 영향력을 가진 지주가 아니었을까 싶다. 적어도 장평면 유지인 건 분명했다.

*1940년 11월 28일* 박기평은 대전에 가 있었는데, 당일 《매일신보》 기사를 접하곤 깜짝 놀랐다. 박기평의 중일전쟁 전세 분석에 따르면, 중일전쟁이 발발한 지 이미 3년이

지났는데도 일본이 승리하지 못하는 이유는 중국이 일본보다 강하기 때문이고, 중국 정부가 굳이 오지인 충칭으로 수도를 옮긴 것은 일본군을 깊숙이 끌어들여 격멸하려는 작전이었다. 이런 때에 장제스가 다시 장쉐량의 손을 잡아 상당한 전력을 자랑하는 동북군을 장쉐량이 이끌게 한다면, 일본군이 격멸될 날이 더욱 가까워질 터였다.

박기평은 너무도 기쁜 나머지 신문을 들고 다니며 여기저기에 자기 견해를 밝혔다. 당일 오후 4시경, 예전부터 알고 지낸 대전부 춘일정(春日町)에 사는 정만영의 집을 찾아가 정만영과 《경성일보》 기자 마쓰오카 히데요시(松岡秀吉)를 만나 이렇게 말한다.

**장제스가 장쉐량과 손을 잡게 되면 일본은 패배에 이를 것이오.**

같은 날 오후 6시경, 박기평은 대덕군 유성면의 봉래여관으로 자리를 옮겨 정만영에게 이렇게 얘기한다. 일본인 기자가 없으니 발언 수위는 훨씬 높아졌다.

**이번에 장제스가 장쉐량의 대군벌과 손잡는 것은 거국일치 대일 결전의 시기가 도래한 것으로, 이 결전의 새벽에 일본은 멸망하고 조선은 독립할 것이오. 기사를 읽고 너**

**무나 기뻐서 신문을 가지고 왔소. 우리는 이를 믿고 조선 독립의 때를 기다립시다.**

하지만 박기평의 바람은 이뤄지지 않았다. 장제스는 장쉐량을 기용할 생각이 전혀 없었고 감금을 유지했다. 그렇지만 중국은 계속 항전했으며 일제는 이렇다 할 전과를 올리지 못했다. 일제는 1941년 12월 미국과도 전쟁을 시작하면서 헤어나지 못할 수렁에 빠진다.

어디서 새 나갔는지 박기평은 이날의 발언으로 경찰에 검거돼 1941년 6월 17일 재판에서 징역 1년을 선고받는다.[5] 조언비어로 인한 육군형법과 해군형법 위반, 보안법 위반이 적용됐다. 박기평은 1942년 6월 17일에 출소하기까지 서대문형무소에서 1년의 옥고를 치른다. 이후의 삶은 파악하기 어렵지만, 한국전쟁 시기인 1952년에 장흥군 장평면의회 부의장을 역임한 사실이 확인된다.[6]

사기꾼에게 건넨 독립운동 자금
# 정재철

鄭在喆

1921. 9. 28~1993. 12. 15

철석같이 믿었다.
그저 조선의 독립을
갈구했을 뿐…

| 1942년 8월 31일 서대문형무소에서 촬영 | 치안유지법 위반 | 징역 1년 | 1942년 10월 7일 언도, 서대문형무소 입소 | 1943년 10월 7일 출소 |

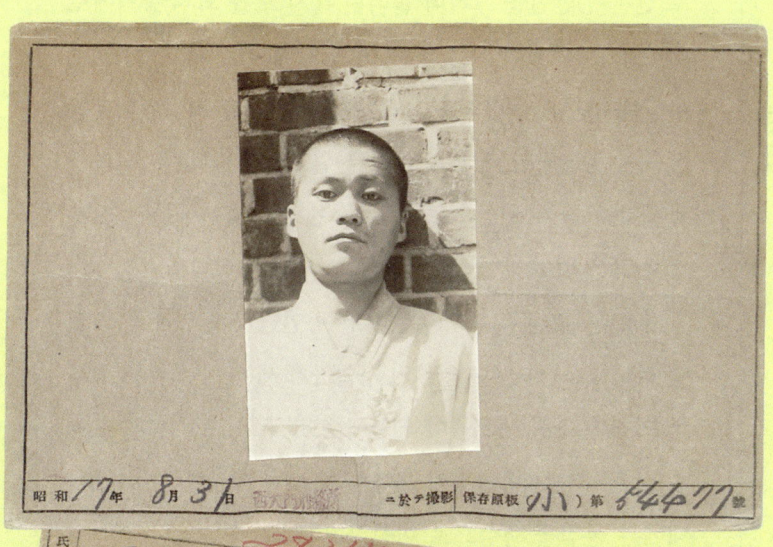

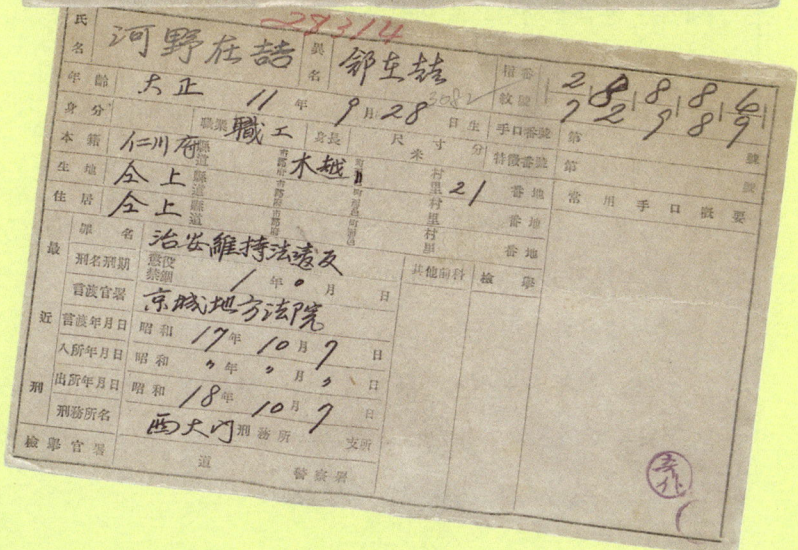

1930년대 말, 부평은 잘 나가는 신흥 공업도시로 변모했다. 일제의 한반도 병참기지화 정책에 따른 결과였다. 경성과 인천을 잇는 경인선이 지나는 교통 요지였으며, 서쪽으로 산들이 반원을 그리며 둘러싸 혹시 모를 외부 공격에도 대비할 수 있었다. 여러 중공업 공장이 건설되고, 1939년부터는 무기를 생산하는 육군 조병창 공사도 시작됐다.[1] 공장을 운영하려면 적잖은 인력이 필요했다. 수많은 인파가 일자리를 찾아 부평으로 몰렸다. 웬만한 동산에는 구직자가 천막을 치고 대기하는 풍경이 보일 정도였다.[2]

히로나카상공(弘中商工)은 부평 공업단지에 입주한 기업 중 하나였다. 1916년 일본인 사업가가 세운 이 회사는 일본산 기계를 조선으로 들여와 판매했고, 주로 조선 농촌에 양수기, 탈곡기, 석유발동기 등을 팔아 크게 성장한다. 1920년대에는 본점을 경성으로 이전하고 수리 서비스를 위한 경성공장을 신설했으며, 1930년대 들어 전쟁으로 인한 금 수요 증가로 금광 개발이 확산하면서 사업은 더욱 확장했다. 직접 기계 생산 능력까지 갖춘 히로나카상공은 1938년 대규모 부평공장 건설을 추진했고, 이듬해 가동을 시작한다. 1939년 말 부평공장엔 직공 1,088명이 근무했다고 하는데,[3] 그중에 정재철이 있었다.

경기도 인천부 목월정에서 나고 자란 정재철은 1939년 부천보통학교를 졸업하고, 그해 11월부터 히로나카상공에서 일했다. 도계(圖係) 직공이었다고 하는데, 학력을 보면 제품 설계도를 직접 제작했을 것 같지는 않고, 아마 설계도 제작을 보조하는 일을 했을 듯싶다. 그렇게 공장 노동자가 되어 일하던 어느 날, 정재철에게 누군가가 접근했다. 동료 직공 윤석균이었다.

1940년 12월 4~5일경 윤석균은 자신이 조선독립당 당원이라고 소개했다. 조선독립당 본부는 수원군의 저수지 부근 동굴에 있으며, 우리 당에는 신인(神人)이라 불리는 노인이 있는데 이 노인이 신비한 '마술 검술'을 가르친다고 했다. 또 조선 각 도에 약 열 명씩 당원이 배치되어 있고 여러 신무기를 제작하고 있다면서, 앞으로 일본군과 맞붙는다면 그들의 참패는 결정적이므로 조선은 자연히 독립을 이룰 수 있으리라고 했다.[4]

정채철은 이 말을 철석같이 믿었다. 아니, 철석같이 믿고 싶었는지 모른다. 이 시점이면 창씨가 강제되고, 《조선일보》와 《동아일보》가 강제 폐간되며, 국가총동원법에 의거한 조선인의 강제징용 범위가 대폭 확장하는 때였다. 황국신민이 되어 가는 동포를 보며, 일제가 전쟁 구렁텅이에 조선을 끌고 들어가는 현실을 마주하며, 어서 빨리 조선이 독립하길 정재철은 갈구했다.

윤석균은 조선독립당에 가입해 독립운동 비용을 대 달라고 요구했다. 정재철은 흔쾌히 응했다. 당일 조선독립당

당원 장례식 비용 명목으로 *15원*을 지급한 걸 시작으로, 이듬해 *11월*까지 합계 *520원*을 냈다.

- 1940년 12월 15일경, 인천부 목월정 고개에서 윤석균이 당 본부에 가는 여비로 15원 지급
- 1941년 5월부터 9월까지 목월정 고개 등 인천부 내에서, 본부에서 거행하는 대안제(大安祭) 비용으로 매월 3회 총 15회에 걸쳐 1회당 10원씩 총 150원 지급
- 1941년 7월 15일경, 목월정 부근 밭에서 당원 장례식 비용으로 25원 지급
- 1941년 7월 27일, 인천부 대도정 윤석균의 집 근처 도로에서 당원 위령제 비용으로 15원 지급
- 1941년 8월 3일, 윤석균의 집 근처 도로에서 정재철의 당 본부 검술지도관 취임식 비용으로 25원 지급
- 1941년 10월 2일, 윤석균의 집 근처 도로에서 윤석균의 사령관 취임식 비용으로 50원 지급
- 1941년 10월 20일, 인천부 목월정 정재철의 집에서 당원 위령제 비용으로 25원 지급
- 1941년 11월 5일경, 인천항 역전 버스정류장 부근에서 당원의 무사를 축원하는 연회 비용으로 200원 지급

정재철 본인의 검술지도관 취임식 비용은 그렇다 치더

라도, 대안제, 장례식, 위령제, 연회 같은 각종 행사 비용에다 윤석균의 사령관 취임식 비용까지 꼬박꼬박 건넸다. 1940년 3월 기준으로 경성에 거주하는 조선인 관료의 평균 월급이 60원 정도였으니,[5] 연봉은 약 720원이다. 공장 노동자인 정재철의 월급은 그에 한참 못 미쳤을 텐데, 정재철이 윤석균에게 준 520원은 어쩌면 자기 연봉과도 맞먹는 큰돈이었다.

1942년 여름 정재철과 윤석균의 행적이 경찰에 발각된다.[6] 경찰은 윤석균을 사기범으로 보았다. 가상의 조선독립당을 꾸며 내 독립운동가를 사칭하며 순진한 사람에게 접근, 금전을 편취했다는 판단이었다. 피해자는 정재철 말고도 두 명이 더 있었다. 이연형이란 사람은 870원을, 이추형이란 사람은 185원을 윤석균에게 건넸다고 했다. 그런데 경찰은 이 사건을 단순 사기 사건으로 처리하지 않았다. 돈을 넘긴 사유가 매우 불순하다고 여겼다. 사기 피해는 피해지만, 조선 독립을 바라면서 돈을 건넨 건 그것대로 범죄에 해당한다고 결론했다.

1942년 10월 7일 정재철에게 치안유지법 위반으로 징역 1년이 언도된다.[7] 1942년 12월 15일 서대문형무소에서 대구형무소로 이감되었다가, 1943년 9월 25일 출소했다.[8]

### 황국신민화로 좌절된 참교사의 꿈
# 도영학

都永鶴

1913. 6. 27~?

**아이들을 황국신민으로
교육할 바에
교직을 그만두겠다.**

| 1942년 10월 9일 | 조선임시보안법·보안법 위반 | 징역 10개월 |
| 서대문형무소에서 촬영 | 1942년 10월 12일 서대문형무소 입소 |
| | 1943년 8월 12일 출소 |

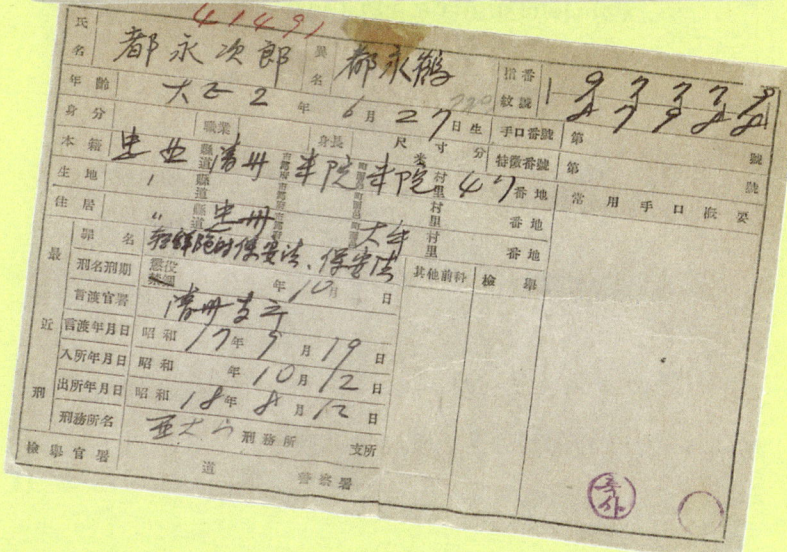

1941년 12월 8일 일제가 미국 하와이 해군기지를 공습했다. 나치 독일의 침략으로 유럽이 정신없는 사이에 일제가 영국, 프랑스, 네덜란드 등 유럽 열강의 동남아 식민지를 접수하자, 미국은 일본에 석유 수출 금지 같은 경제 보복 조치를 시행했다. 일본의 하와이 진주만 습격은 그에 따른 대응이었다. 태평양전쟁이 발발했다.

그로부터 얼마 지나지 않은 1941년 12월 18일 오후 8시, 도영학이 충주군 충주읍의 암정청일(岩井淸一) 집을 찾았다. 암정청일은 도영학의 절친한 친구로, 창씨개명을 한 조선인으로 추정된다. 도영학과 암정청일, 그리고 몇 명이 더 있는 자리에서 도영학은 이렇게 말했다.

**지금 일본이 전쟁에서 이기고 있다지만 미국은 경제가 풍부한 나라여서 10년 후 비행기 10만 대가 나오면, 그것이 한 번에 공격해 일본은 무너질 것이다.**

일본에서 발행된 《오사카마이니치신문(大阪每日新聞)》을 읽고 한 발언이었다. 신문에 실린 미국 군비 계획에 관한 기사를 보니, 일제는 미국의 상대가 될 수 없다고 판단한 모양이다.

도영학은 충청북도 청주군 미원면 미원리에서 태어났다. 아버지는 1926년부터 1933년까지 미원면 면장을 지낸,[1]

지역에서 꽤나 영향력 있는 인물이었다. 도영학이 어릴 적부터 일제에 반감을 품은 건 아니었다. 1928년 미원보통학교에 다닐 당시 충청북도에서 시행한 납세 장려 글짓기 대회에 참가해 3등으로 입상할 정도로 착실한 아이였다. 부상으로 일본어-한자 사전까지 탔다.[2]

도영학의 생각에 변화가 생긴 건, 아마도 1930년대 초 청주농업학교에 진학하고 난 이후가 아닐까 한다. 1930년 1월 21일 청주농업학교 학생 130여 명이 광주학생운동에 동조하는 시위를 벌여, 격문 수천 매를 살포하고 독립 만세를 외쳤다. 이 일로 여러 학생이 체포됐다.[3] 도영학의 학교생활을 구체적으로 알 순 없지만, 그가 선배들의 활약상을 모를 리 없었을 것이다.

1935년 3월 청주농업학교를 졸업한 도영학은 곧바로 대구사범학교에 진학한다. 5년제 농업학교 졸업 이상의 자격이 있으면 6개월 단기강습과정을 다닐 수 있었다. 그렇게 도영학은 1935년 9월 말 교원이 되었다. 안동보통학교를 거쳐, 1939년 6월 수안보소학교로 자리를 옮겼다. 수안보소학교 교장은 도영학이 다른 사람보다 갑절은 열심히 일했다고 평가했다. 그 정도로 도영학은 학생 가르치는 일에 누구보다 진심이었다. 더불어 그의 민족의식도 교육 현장에 발현되었다. 1940년 4월 어느 날, 담임을 맡은 약 70명의 4학년 학생들에게 이렇게 얘기했다.

**옛날 조선은 일본과 구별된 국가였다. 지금은 내선일체라 하여 총독의 지배 아래에 있으나 장래에는 일본과 떨어져 별도의 정치를 해야 한다. 장래에 이왕(李王) 전하가 돌아와 조선을 다스리게 될지도 모른다. 지금은 이왕 전하가 일본군 소장이 되었지만, 곧 조선이 어떻게 될지 모른다.**

일제의 내선일체 교육 방침과 배치되는 발언이었다. 조선은 잠시 일본에 병합된 상태지만 분리되어야 한다고 역설한 것이다. 그런데 조선이 독립했을 때의 통치 주체를 '이왕 전하'로 설정한 점이 눈에 띈다. 이왕 전하는 영친왕을 의미한다. 1926년 순종이 사망하자, 순종의 창덕궁 이왕 지위를 영친왕이 계승했다. 도영학의 말대로 영친왕은 일본 육군으로 복무했으며 소장 계급에 오른 상태였다. 이후 중장까지 진급한다. 이 시기 조선인이 조선 왕실을 어떻게 바라보는지 보여 주는 한 사례라 하겠다.

그런데 도영학이 갑자기 자기 고향 모교인 미원심상소학교로 전임하길 희망했다. 바람이 이뤄지지 않자, 그는 끝내 직무를 내팽개치고 임지를 이탈하기에 이른다. 함께 근무한 동료는 도영학이 그때부터 자포자기의 언동을 하고 다녔다고 했다. 마침내 도영학은 1941년 5월 31일부로 면직 처분을 받고 만다. 남들의 갑절은 열심히 일했던 사람이 왜 이렇게 변한 걸까.

1941년은 황국신민화 교육이 대폭 강화된 해였다. 그해 3월 '국민학교 규정'이 발표되어 모든 소학교는 국민학교로 변경됐다. 조선인 스스로 황국신민임을 자각하게 하는 것이 교육의 최종 목표였다. 일본어 상용화가 추진되는 가운데, 국민학교 1학년은 일본인 교원만 맡을 수 있었다.[4] 도영학은 무력감을 느낀 것 같다. 마음엔 조선 독립의 열망이 가득한데, 학생들에겐 황국신민이 되어야 한다고 가르쳐야만 하다니. 이러한 모순이 주는 고통을 도영학은 견디기 어려웠을 것이다.

도영학은 일자리를 잃어 생계가 막막하던 차에 레코드 판매업을 하는 친구 암정청일의 도움을 받아 1941년 11월 충주읍 대수정 주거지에 작은 해산물 가게를 차릴 수 있었다. 도영학이 암정청일을 찾아가 일제 패망 발언을 한 것은 가게를 연 지 한 달 정도 지난 때였다. 도영학의 불순한 발언을 파악한 경찰은 그를 기소했고, 재판부는 1942년 9월 19일 징역 10개월을 선고했다.[5] 1940년 4월의 발언은 보안법 위반을, 1941년 12월의 발언은 조선임시보안령 위반을 적용했다. 1942년 10월 12일부터 이듬해 8월 12일까지, 도영학은 서대문형무소에서 옥고를 치른 뒤 만기 출소한다.

게다 신고 근로보국에 나선 새댁
# 현금렬

玄今烈

1919. 9. 14~?

이 일은
조선의 일이 아니고
보람 없는 일본의 일이니
열심히 할 필요들 없소.

| 1941년 12월 4일 서대문형무소에서 촬영 | 보안법 위반 | 징역 8개월 | 1941년 12월 19일 언도 | 1942년 3월 5일 서대문형무소 입소 | 1942년 9월 7일 출소 |

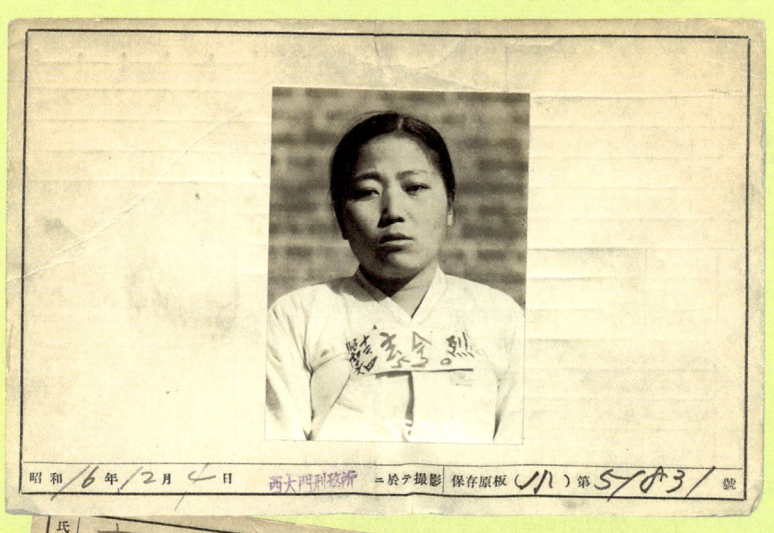

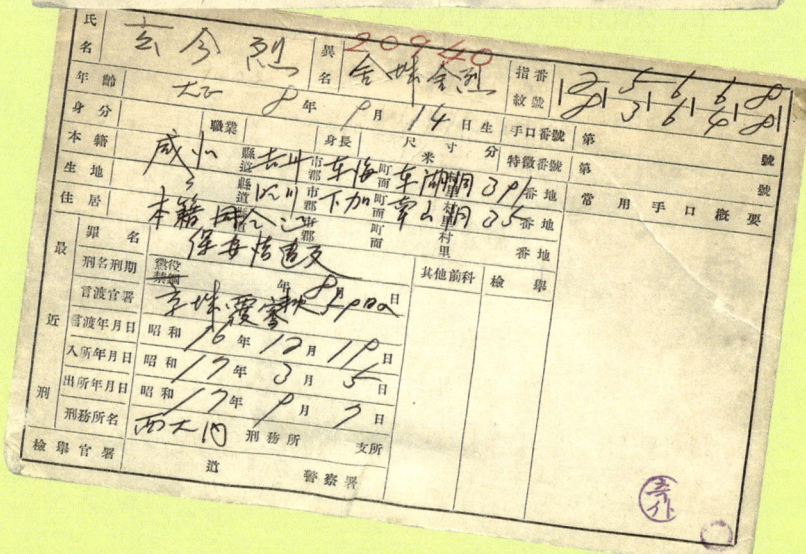

1938년 5월 3일 조선 땅에 국가총동원법이 공포된다. 전시 상황에서 정부는 제국 신민을 총동원 업무에 협력시킬 수 있다고 규정했으니, 이제부터 한반도에 사는 누구든 강제 동원의 대상이 될 수 있었다. 이에 발맞춰 총독부는 1938년 6월 22일 '국민정신총동원 근로보국운동에 관한 건'을 발표해 강제 동원의 실행 방법을 구체화했다. 그리고 7월 7일 국민정신총동원연맹과 근로보국대의 출범식을 거행했다. 딴생각하지 못하게 도 단위부터 저 아래 말단 부락까지 감시하고 통제할 목적으로 만든 게 국민정신총동원연맹이라면, 전체 연맹 구성원을 조직적으로 동원하기 위해 만든 게 근로보국대였다.

근로보국(勤勞報國)이란 근로하여 나라의 은혜에 보답한다는 의미로, 천황에 대해 복종과 감사의 마음을 가지고 근로를 생활화하라는 뜻이 담겼다. 조금 거칠게 말하면 국가에 대한 봉사라는 명목으로, 공짜로 강제로 부려 먹겠다는 것과 다름없었다. 근로보국대는 이미 직업이 있거나 관청의 알선으로 장기간 노동 현장에 투입될 청장년 남성보다는, 주로 학생이나 여성, 농촌의 유휴 인력으로 편성됐다. 이들은 마을 청소나 공동 우물 수리부터 도로 공사 같은 대규모 사업에도 투입됐다. 초기엔 30일 정도만 참여하면 됐지만, 근로 기간은 시간이 갈수록 점점 늘어났다. 1941년 11월에 이르면, 국민근로보국협력령이 공포되어 근로보국

대는 아예 법적으로 제도화되었다.[1]

 1941년 4월 30일, 함경북도 길주군 동해면 동호동에서 명천군 하가면 용포동을 잇는 도로의 수선 작업 현장. 동해면 동호동 근로보국대의 여성회원들이 '제1회 도로 수선 근로 작업'에 동원된 날이었다. 그런데 공사 현장을 순시하던 순사 유촌두막(柳村斗漠)의 눈에 무언가가 포착됐다(기록에 의하면 유촌두막은 원래의 이름을 고친 것이라 하니, 조선인일 가능성이 높다). 그의 눈에 들어온 것은 게다를 신고 있는 한 여성이었다.

 그녀의 이름은 현금렬, 명천군 하가면 남산동 출신으로, 현재는 길주군 동해면 동호동에 거주하고 있었다. 몇 가지 단서로 현금렬이 기혼자라는 사실을 알 수 있는데, 먼저 사진을 보면 기혼 여성의 상징인 쪽머리를 한 듯 보인다. 또 현금렬의 창씨명이 금성금렬(金城金烈)이란 점도 그렇다. 대개 김(金)의 성을 가진 사람들이 금성(金城)으로 창씨했다. 현금렬의 현(玄)을 창씨한 것이라고 보기는 어렵다. 일본의 씨족 제도에선 여자가 결혼할 때 남편의 씨를 따라야 했으므로, 현금렬도 남편의 씨를 따라 금성금렬이란 이름을 사용한 것 같다.

 약간의 상상력을 발휘해 보자면, 젊은 새댁인 현금렬에게 근로보국대 참석 통지는 아주 성가신 일이었을 테다. 안 그래도 밥 짓고 빨래하고 해야 할 집안일이 태산인데 뭔 놈의 도로 공사를 한다고 불러내는 건지, 여기에 돌봐야 할 애까지 있다면 더욱 화가 날 터였다. 그래서 현금렬은 일말의 반항심과 대수롭지 않게 여기는 마음으로 게다를 신은 채 공사 현장에 나갔다.

게다는 일본의 전통 신발로, 발 크기의 나무 판에 구멍을 뚫어 끈을 연결한 형태인데, 엄지발가락과 둘째발가락 사이에 끈을 끼워 신는다. 공사판에 게다라니, 지금으로 치면 건설 현장에 슬리퍼를 신고 간 셈이다. 순사 유촌두막은 현금렬을 불러내 부주의하다며 꾸지람을 줬다. 여기 불려 온 것도 짜증 나는데 순사에게 한 소리까지 들으니, 현금렬은 열이 뻗쳤다.

그리고 오후 1시쯤, 여러 명과 함께 작은 돌을 운반하던 현금렬이 이렇게 얘기했다.

> 오늘 도로 수선에 마을 사람 다수가 출역(出役)했는데, 이 일은 조선의 일이 아니고 보람 없는 일본의 일이니 열심히 할 필요들 없소.

참다못한 한마디였다. 작은 불평이었지만, 이 한마디에 담긴 함의는 결코 작지 않았다. 조선과 일본은 하나가 아닌 구분된 존재이며, 조선인이 일본을 위해 일하는 건 보람 없다는 현금렬의 발언에, 그동안 수없이 황국신민과 내선일체를 외치던 일제의 노력은 속절없이 무너졌다. 사태의 심각성을 느낀 일제는 현금렬을 처벌했다.

1941년 10월 16일 청진지방법원 성진지청은 현금렬에게 징역 8개월에 집행유예 5년을 선고했지만, 이에 불복한 검사 측의 항소로 재판은 2심으로 넘어갔다. 1941년 12월 19일 경성복심법원은 원심을 뒤집고 징역 8개월을 선고한다. 결과를 받아들이지 못한 현금렬이 상고했으나, 1942년 3월 5일 고등법원은 상고를 기각한다. 결국 보안법 위반으로 징역 8개월의 형이 확정됐다. 서대문형무소에서 옥고를 치른 현금렬은 1942년 9월 7일에 형을 마친다.

축구부로 위장한 학생 비밀결사
# 김철용

金喆龍

1920. 11. 21~?

정치적 압제의
가장 불행한 결과는
피압박자의 마음에
광폭성을 기르는 게 아닐까.

| 1942년 7월 29일 서대문형무소에서 촬영 | 치안유지법 위반 | 징역 1년 | 1942년 9월 30일 언도, 서대문형무소 입소 | 1943년 3월 14일 출소 |

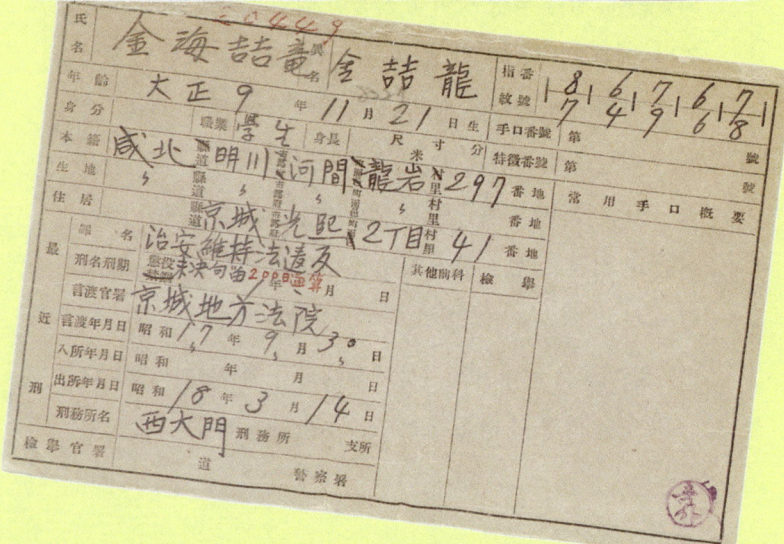

김철용은 함경북도 명천군 아간면 용암동에서 태어났다. 집안은 넉넉했던 것 같다. *1934년 3월* 아간보통학교를 졸업한 김철용은 경성으로 유학을 가서 *1935년 4월* 경성농업학교에 입학한다. 5년 과정을 마친 김철용은 상급학교 시험을 보기 위해 일본으로 떠난다. 아마도 일본 대학 입시를 준비한 듯한데, 후쿠오카와 교토를 다녀왔다. 이때 김철용은 식민지의 생활 수준과 식민모국의 생활 수준이 현격히 차이 난다는 사실을 깨닫고 충격을 받는다. 식민 통치는 조선인을 압박할 뿐이고 내선일체는 허상이란 생각에 이르니, 김철용의 마음속에 민족의식이 꿈틀거렸다.

김철용이 최종적으로 입학한 곳은 식민지 조선의 유일한 약학 교육기관인 경성약학전문학교(경성약전)였다. 경성약전은 조선인, 일본인 학생이 함께 다니는 공학으로 운영되었는데, 양측 학생 사이에 갈등이 빈번해 감정의 골이 깊었다. 예를 하나 들자면, 김피득(金彼得)이라는 조선 학생이 일본 학생에게 폭행을 당해 조선 학생들이 들고일어나 가해자 처벌을 요구했지만, 일본 학생들이 동맹휴학을 일으켜 끝내 저지된 일이 있었다. *1930년대 초*에 발생한 사건이었다. 이런 식으로 민족 차별을 경험한 조선 학생들은 반일 의식이 점점 고조되었다.

반일 의식은 교내 비밀결사의 형태로 구체화했다. *1938년 11월* 조선 학생 열 명이 모여 축구부를 결성했다. 실제로 축구를 하기도 했지만, 조선 학생의 민족의식을 향상하고 학생 간 결속을 다진다는 목적이 강했다. 이들은 조선인의 기개를 잊지 말고 민족 문화 수준의 앙양을 도모하며 일본인을 능가하기 위한 노력을 다하기로 다짐하면서, 궁극적으론 조선을 일본 제국의 굴레로부터 독립시켜 옛날의 굴욕을 보복하리라는 목표를 설정했다.

1940년 4월 경성약전에 입학한 김철용도 축구부에 가입해 활동했다. 1941년 2월 12일에 열린 총회에서 김철용은 1학년 부원을 지도하는 지도원으로 선출되기도 했다. 김철용이 포함된 신임 지도부는 더욱 적극적으로 축구부의 외연 확장을 시도했다. 축구에 관심 없는 학생이라도 조선인이라면 가입시켰고, 지도부의 계획과 지시에 절대복종하고 단체정신을 기르겠다는 서약서를 제출하게 했다. 조직 운영을 위한 모금도 했다.

점점 강해지는 일제의 황국신민화 정책에 김철용은 분노했고, 그러한 분노는 주변 사람에게 보낸 편지에 담겼다. 1941년 9월 4일경, 김철용은 교제하는 사이인 이화여자전문학교 학생 경광준자(慶光俊子)에게 편지를 썼다.

> **9월 2일 학교에서 시국 훈화 때 생도주사(生徒主事)와 배속장교가 우리 조선인 생도 수십 명에게 국어 사용에 대해 강조하면서 조선어를 혀에 올리는 사람은 퇴학시키겠**

다고 운운했습니다. 우리는 모두 아무 말 못했지만, 고조되는 젊은 의기(意氣)와 선조(先祖)에 대한 정열을 무리하게 억눌렀습니다. 정치적 압제의 가장 불행한 결과의 하나는 피압박자의 마음에 광폭성(狂暴性)을 기르는 게 아닐까 생각합니다.

생도주사는 학생의 사상을 감독하기 위해 배치된 교직원이고, 배속장교는 학생들의 교련(군사 훈련)을 위해 학교에 배치된 군인이었다. 1941년 9월 2일, 시국 훈화 시간에 이 두 사람이 조선인 학생들을 콕 집어 국어, 즉 일본어 사용을 강조하면서 조선어를 사용하면 퇴학시키겠다고 협박했다. 위압적 분위기 아래 그 누구도 대꾸할 수 없었지만, 마음은 부글부글 들끓었다. 김철용은 자신의 감정을 '광폭성'이란 단어로 드러냈다. 이렇게 조선인을 압박하면 압박할수록, 미쳐 날뛰려는 성질이 더욱 길러질 거라면서 말이다. 편지는 이튿날 경광준자에게 다다랐다.

그런데 1941년 9월 축구부의 존재가 경찰에 탄로 나면서 김철용은 취조를 받는다. 서대문경찰서는 사건에 '축구부로 의장(擬裝)한 비밀결사'란 이름을 붙이고 수사를 벌였다.[1] 이후 사건이 어떻게 전개되는지 알긴 어려우나, 축구부 감독을 맡은 1년 선배 장원흠이 1942년 7월 경성지방법원 검사국으로부터 기소유예 처분을 받은 사실이 확인되는 걸 고려하면,² 김철용도 기소유예 처분을 받았을 것으로 보인다.

하지만 경광준자에게 보낸 편지가 김철용의 발목을 잡았다. 편지에 불온한 내용을 적었다는 이유로, 김철용은 기소되어 재판을 받는다. 1942년 9월 30일 재판부는 김철용이 조선 독립을 위한 목적 수행 행위로 편지를 썼다고 판단하고 치안유지법을 적용했다.³ 징역 1년에 처한 김철용은 서대문형무소에서 옥고를 치른 뒤, 1943년 3월 14일에 옥살이를 마친다.

## 조선인이기에 조선말을 쓰다
# 이삼철

李三哲 [이인국 李仁國]

1926. 5. 16~1977. 7. 8

**조선인이
조선어를 사용하는 게
어찌 나쁜가!
나는 일본인이 아니다.**

| 1942년 8월 13일 서대문형무소에서 촬영 | 보안법·육군형법 위반 \| 징역 6개월, 집행유예 3년 \| 1942년 9월 16일 언도·입소·출소 |

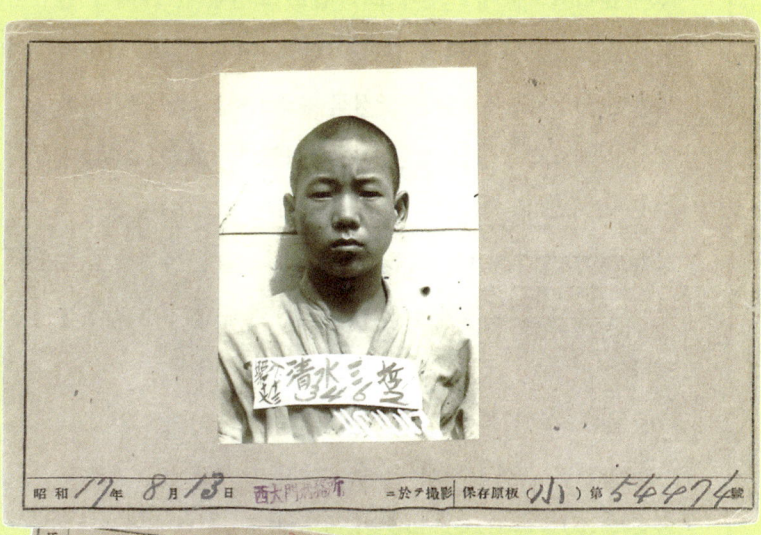

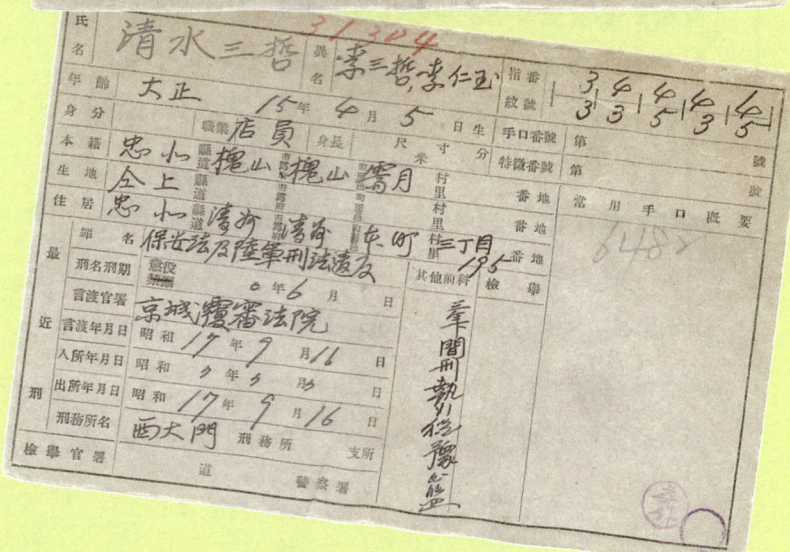

이삼철은 충청북도 괴산군 괴산면 제월리에서 나고 자랐다. 해산물 행상 이천성의 3남이었다. 열 살에 제월리의 사설 학술강습소에 입학해 다녔는데, 집안의 경제 사정이 좋지 않아 15세 때 그만두고 학업을 포기했다. 17세가 된 이삼철은 부모님 허락을 받아 고향을 떠나 청주로 일하러 가는데, 청주읍 본정(本町) 3정목(지금의 북문로) 195번지에 위치한 식료잡화상점 점원으로 취직했다. 이때가 1942년 4월 9일이었다. 이삼철은 상점 숙소에서 먹고 자며, 단골손님을 찾아가 주문받고 심부름하는 일을 했다. 충청북도 도청이 가까이 있어 주변에 공무원 또는 관계 업자가 많이 살았다.

충청북도 경찰부에 근무하는 일본인 요도가와 마사오(淀川政夫)의 집도 이삼철이 일하는 상점의 단골이었다. 요도가와는 순사, 순사부장 다음인 경부보(警部補) 계급으로, 경찰의 중간 간부급이었다. 1942년 6월 20일 오전, 이삼철은 본정 3정목 36번지 요도가와 집의 호출을 받아 방문한다. 그 집 현관 앞에 도착한 게 대략 10시 반 즈음이었다. 요도가와의 부인 요도가와 쓰루에(淀川ツルエ)가 나와 주문할 상품을 일러 주었다.

이삼철이 주문을 접수하는 와중에 조선말이 튀어나왔다. 괴산군 산골의 조선인 가정에서 태어나, 일제의 정규 교육 과정을 밟지 못한 이삼철은 일본어가 익숙하지 않았을 것이다. 쓰루에는 일본어와 조선어를 혼용하는 이삼철의 언행이 몹시 언짢았고, 국어(일본어)사용법에 관해 주의를 줬다. 그렇지만 꾸중을 들은 이삼철은 참지 않았다.

**조선인이 조선어를 사용하는 게 어찌 나쁜가! 나는 일본인이 아니다. 조선인이라 조선어를 사용한다.**

여기서 끝나지 않았다. 꼬박꼬박 대꾸하면서 여러 말을 쏟아 냈다.

**조선인은 내지(內地, 일본 본토) 여행조차 자유롭게 할 수 없지 않는가!**

**이탈리아와 독일의 힘이 일본보다 강하고 세계 제일이다. 일본군이 장제스를 5년이나 공격하고 있으나 장제스는 아직도 항복을 안 하지 않는가!**

이삼철은 단순히 조선어 사용을 금지하는 것에 대해 의사를 표하는 걸 넘어, 조선인이 일본에 건너갈 때 많은 제약을 두는 차별 대우를 언급하며 내선일체의 허상을 지적했다. 더욱이 5년을 끌고도 중일전쟁을 끝내지 못하는 일제의 전황을 비꼬기까지 했다.

'조선어의 삶'을 사는 이삼철의 민족 정체성은 뚜렷했으며, 일본어를 쓰는 사람들은 자기와 구별된 타자라는 사실을 명확히 인식했다. 이렇듯 서로 다른 언어에서 발생하는 민족 문제를 해결하기 위해 일제는 조선어를 억압하고 일본어를 강요해 일체화하려 했다. 하지만 억압하면 억압할수록, 강요하면 강요할수록 조선인의 민족 정체성이 강해지는 역설이 나타났다.

언성이 높았는지, 옆집에 사는 처녀 야마다 아키코(山田 アキコ)가 나와 이삼철을 나무랐다. 아키코가 그런 식으로 말하면 경찰에 잡혀갈 수 있다고 말하자, 이삼철은 붙잡히지 않을 자신이 있다고 받아쳤다. 이삼철이 자리를 떠난 뒤, 아키코는 쓰루에게 자초지종을 물어 무슨 일이 있었는지 파악하곤 이삼철의 언동을 경찰에 신고했다.

이삼철은 구속된 채 조사받았고, 1942년 8월 5일 대전지방법원 청주지청에서 열린 재판에서 징역 6개월에 집행유예 2년을 선고받는다. 검사 측이 항소했으나 1942년 9월 16일 경성복심법원은 원심의 형을 확정했다.[1] 재판부는 이삼철이 정치에 관한 불온한 언동으로 보안법을 위반했으며, 해군과 관련한 조언비어로 해군형법을 위반했다고 판단했다. 서대문형무소에 구속되어 있던 이삼철은 집행유예 언도로 풀려난다. 2심 재판 와중에 이삼철은 자신은 일본인이 아니라고 재차 강변하기도 했다.

해방 후 이삼철의 행적에 대해선 *1953년*부터 *1965년*까지 대한민국 육군으로 복무한 점이 확인된다.[2]

## 백제의 옛터에서 제국주의를 보다
# 김명화

金明華

1925. 3. 2~?

부여의 옛 영화는
담배 연기처럼 사라져
지금은 왜국의
식민지 냄새만이 남았구나.

| 1943년 8월 19일 서대문형무소에서 촬영 | 보안법 위반 | 징역 1년 6개월 | 1943년 12월 15일 언도, 서대문형무소 입소 | 1945년 6월 15일 출소 |

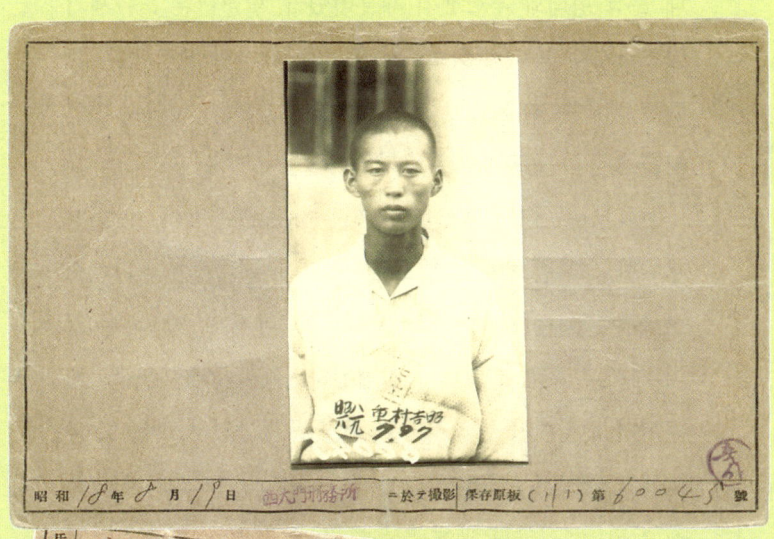

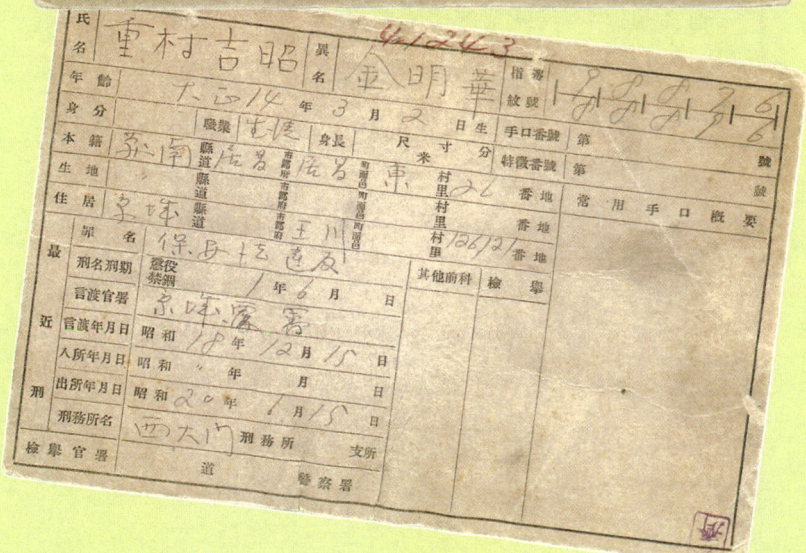

1935년 부여 군수리 사지 발굴 조사를 진행한 일본인 발굴단은 감탄했다. 가람 배치가 일본 아스카시대에 지어진 사천왕사(四天王寺)와 같고, 출토된 불상 두 점도 아스카시대 불상 형태와 부합했기 때문이었다. 발굴단은 6~7세기 아스카시대 불교 문화의 원류를 찾아냈다고 생각했다. 그 뒤로 백제의 옛 수도 부여는 고대 일본과 백제 사이의 친연성을 입증하는 공간으로 부각된다.

총독부는 이것을 내선일체의 논리로 활용하며, 1939년 부여신궁 창건 계획을 발표했다. 고대부터 일본과 한반도 삼국의 관계는 지극히 깊었는데, 그중에서도 백제와는 정치·경제·문화에서 교류가 밀접했다면서, 부여는 내선일체 구현의 결실이자 발상지라는 설명을 덧붙였다. 한반도 남부에 임나일본부를 세웠다는 진구 황후와 그녀의 아들 오진 천황, 백제의 패망에 즈음해 적극 원조한 사이메이 천황, 덴지 천황을 부여신궁의 제신(祭神)으로 설정했다.

부여 부소산 중턱에 건설될 부여신궁은, 1925년 완공된 경성 남산의 조선신궁에 이어 한반도의 두 번째 관폐대사급 신사였다. 관폐대사란 일제가 설정한 신사 등급 중 가장 높은 것으로, 황실이 직접 폐백료를 지급했다. 1943년 완공을 목표로 착공했는데, 고귀한 근로정신을 체험한다는 목적으로 수많은 인력이 봉사의 형태로 투입됐다. 국민정신총동원연맹 관계자, 중등 학생, 관공서 직원, 회사원 등이 대상이었다. 봉사대가 도착하면 먼저 부여신궁 앞에 모여 신사참배, 궁성요배, 순국 영령에 대한 묵념, 황국신민서사 제창 의식을 치르고, 곧바로 작업에 들어갔다.[1]

김명화도 부여신궁으로 근로봉사를 떠난 사람 중 하나였다. 그는 경상남도 거창군 거창읍 동동(東洞) 출신으로, 거창읍심상소학교를 졸업한 뒤 1939년 4월 경성 선린상업학교에 입학했다. 선린상업학교는 1899년에 개교한 관립상공학교에 뿌리를 둔 만큼 역사가 오랜 학교로, 1913년부터는 용산에 자리 잡고 일본인, 조선인 공학으로 운영되었다. 지금도 선린인터넷고등학교로 그 명맥을 잇고 있다.[2]

1942년 4월경, 4학년 김명화는 교사의 조선 학생 차별대우를 경험했다. 정확히 무슨 일이었는지 알 수 없지만, 이 일로 김명화는 분노했다. 이후로 급우 몇 명과 종종 모여, 이러한 차별을 없애려면 조선이 독립해야 한다는 의견을 나눴다. 한 번 싹튼 민족의식은 무럭무럭 자라났다.

1943년 5월 3일, 5학년 김명화는 근로봉사를 하기 위해 동급생들과 부여신궁 건설 현장으로 떠났다. 아마 토대를 다지는 괭이질 작업 등에 투입되었을 것이다. 선린상업학교 5학년 근로봉사단은 5월 5일까지 현장에 머물렀는데, 남는 시간엔 부여의 백제 유적을 돌아볼 기회가 주어졌.

바로 근처의 부소산성, 백제 왕이 놀았다는 영월대 터, 부소산에서 백마강을 내려 보는 고란사, 조선총독부박물관 부여분관 진열실로 사용된 부여객사 등을 둘러봤을 듯싶다. 한 나라의 왕도였던 이곳에 일본 제국을 상징하는 부여신궁을 짓겠다고 땅을 헤집는 꼴을 보며, 김명화의 마음은 착잡했으리라.

1943년 5월 6일, 김명화와 동급생들은 아침 일찍 경부선을 타고 귀경길에 오른다. 오후 2시경 기차가 대전, 천안 정도를 지날 때, 김명화는 자신이 느낀 감정을 시로 옮겼다. 〈영월대〉라는 제목의 조선어 시였다. 다른 일본 학생에게 들릴 수 있기에, 김명화는 작은 목소리로 신뢰하는 친구 다섯에게 시를 읊어 주었다.

**옛날의 백제 왕처럼 놀고 싶었으나, 영월대에는 무심한 잡초만이 무성하구나.**

**밝은 달빛은 옛날과 변함없건만, 백제는 이미 멸망하여 역사의 한 조각만이 허무하게 남았구나.**

**천년의 왕업은 행방도 없고 부여의 옛 영화는 한 모금 담배 연기처럼 사라져, 지금은 단지 왜국의 식민지 냄새만이 남았구나.**

**영월대여 백제의 행방은 어디 있는가.**

황폐한 폐허에는 금일의 상태를 즐기는 제국주의자의 모습만 있다.

기억하자 가슴 아픈 이 슬픔을,
내일을 기대하며 금일의 수많은 고통을 인내해 묵묵히 견디자.
지난날의 백제를 추억하며 그날의 일을 가슴에 그려 보자.

영월대 터를 회상하며 쓴 시였다. 영월(迎月)이란 이름 그대로 백제 왕이 달을 맞이하며 놀던 곳이라 했지만,[3] 지금은 빈 땅에 잡초만 무성했다. 바로 옆엔 부여신궁이 건설되고 있어 식민지 냄새만 풀풀 풍겼다. 조선 학생들이 백제 유적을 보며 감개무량할 때, 일본 학생들은 웃고 장난치기만 했다. 지금의 상태를 즐기는 제국주의자의 모습이었다. 절망적인 상황이지만, 김명화는 언젠가 찾아올 희망을 얘기했다. 고통을 묵묵히 견디다 보면 분명히 찾아올 것이었다.

김명화의 행위는 발각되어 경찰에 넘겨졌다. *1943년 12월 14일 판결에서 김명화는 보안법 위반으로 징역 1년 6개월을 선고받는다.*[4] *그가 서대문형무소에서 출소한 1945년 6월 15일은 조선이 광복되기 꼭 두 달 전이었다.*

부여신궁 완공은 전쟁통에 계속 미뤄졌다. *그리고 1945년 8월 15일, 공사는 영원히 중단됐다.*

## 본문의 주

### 1919 신동윤

1  박현숙, 〈윌슨의 민족자결주의와 세계 평화〉, 《미국사연구》 33, 2011, 183~184쪽. 그렇다고 민족자결주의가 전적으로 윌슨의 아이디어라고 할 순 없다. 러시아혁명에 성공한 레닌도 1914년 민족자결을 주창했고, 그보다 앞서 19세기 중반 이래 마르크스주의자들도 민족 해방에 관심을 가졌다. 민족자결주의란 당시의 사조이며, 그걸 국제정치 무대에 끌어 올린 사람이 윌슨이었다고 이해하면 좋다(이완범, 《신탁통치 1: 이론과 글로벌 사례》, 한국학중앙연구원출판부, 2023, 21~31쪽).
2  박찬승, 《한국독립운동사》, 역사비평사, 2014, 95~97쪽.
3  박천홍, 〈경성역 잡감(雜感)〉, 《철도저널》 18(2), 2015, 93쪽.
4  《매일신보》 1919년 3월 11일, 〈국장과 남대문역〉.
5  《조선소요사건관계서류》, 〈독립운동에 관한 건(제5보)〉 고(高) 제5725호, 대정 8년 3월 4일, (→조선총감).

### 1919 이시종

1  박찬승, 〈3·1운동기 지하신문의 발간 경위와 기사 내용〉, 《한국학논집》 44, 2008, 231~243쪽.
2  《조선독립신문》 제6호, 1919년 3월 15일. 국사편찬위원회 삼일운동데이터베이스에서 확인 가능.
3  박찬승, 앞의 논문, 238쪽.
4  《조선소요사건관계서류》, 〈독립운동에 관한 건(제28보)〉 고(高) 제8946호, 대정 8년 3월 27일, (→조선총감).

### 1919 한범우

1  강만길·성대경 엮음, 〈홍남표〉, 《한국사회주의운동 인명사전》, 창작과비평사, 1996.

2　강만길·성대경 엮음, 〈어수갑〉, 《한국사회주의운동 인명사전》, 창작과비평사, *1996*; 〈판결문〉, 경성지방법원, *1921. 11. 30*, 관리번호: CJA0000264.
3　독립운동사편찬위원회, 《독립운동사 2》, 독립유공자사업기금 운용위원회, *1971, 582~583쪽.*
4　독립운동사편찬위원회, 《독립운동사 9》, 독립유공자사업기금 운용위원회, *1977, 583~584쪽.*
5　〈오유영〉, 《직원록자료》(국사편찬위원회 한국사데이터베이스).
6　독립운동사편찬위원회, 《독립운동사 2》, 독립유공자사업기금 운용위원회, *1971, 534쪽.*
7　독립운동사편찬위원회, 《독립운동사 자료집 5》, 독립유공자사업기금 운용위원회, *1972, 166쪽.*
8　〈독립유공자 공적정보(한범우)〉, 관리번호: *1641.*

**1920 이수희**

1　〈독립운동일람표〉, 《한일관계사료집》(대한민국임시정부자료집 제7권, *2005*). 국사편찬위원회 한국사데이터베이스(ID: ij_007_$1exp).
2　이양희, 〈일본군의 3·1운동 탄압과 대응─"조선소요사건관계서류"를 중심으로〉, 충남대 사학과 석사학위논문, *2013, 24쪽.*
3　〈한국민족문화대백과사전〉, 검색어: 남궁억, 배화학당.
4　〈독립유공자 공적정보(이수희)〉, 관리번호: *956346.*
5　윤치호, 김상태 편역, 《윤치호 일기》, 1920년 3월 1일자, 역사비평사, *2001.*
6　박하경은 일제감시대상인물카드에 박하향(朴夏鄕)으로 등록되어 있다.

**1920 오용진**

1　김시완, 〈[강화섬 재발견, 마을 이야기] 사라진 포구와 남아 있는 사람들〉, 《강화뉴스》(ganghwanews. co. kr), 2020년 11월 25일.

2 《매일신보》 1919년 3월 30일, 〈강화도 각처에서 소요〉;《조선소요사건 관계서류》, 〈조선소요사건일람표에 관한 건〉 조헌경(朝憲警) 제107호, 대정 8년 10월 2일, (→육군차관).
3 《동아일보》 1922년 12월 2일, 〈강화 철산학당(鐵山學堂) 호적(好績)〉.
4 《동아일보》 1924년 5월 7일, 〈청년기타집회〉.

**1921 황웅도**

1 독립운동사편찬위원회,《독립운동사 3》, 독립유공자사업기금 운용위원회, 1971, 260~262쪽.
2 이 마지막 문장의 해석은 판결문에 적힌 동료 김성복의 신문조서 내용을 따랐다.
3 1907년에 제정된 보안법은 최고 형량이 2년이었다. 3·1운동 가담자에 대한 처벌을 대폭 강화하기 위해 총독부는 서둘러 법적 대책을 마련했다. 그 결과로 1919년 4월 15일에 '제령 7호'를 공포한다. 이 법은 최고 형량을 10년으로 강화했을 뿐만 아니라, 조선 땅 바깥의 독립운동도 처벌할 수 있도록 했다(장신, 〈삼일운동과 조선총독부의 사법 대응〉,《역사문제연구》 18, 2007, 150~151쪽).
4 〈독립유공자 공적정보(황웅도)〉, 관리번호: 962335; 〈황웅도 연표〉,《황웅도 잠복기 공연 팸플릿》(서울 남산국악당: 2011년 9월 6일, 7일). 극단 타이헨 소개 사이트(https://www.asahi-net.or.jp/~tj2m-snjy/kor/project-kr.html). 검색일 2025년 2월 11일.

**1921 권익수**

1 안재익, 〈진헌체제의 운용과 원로의 정치적 활동—다이쇼 후기 섭정 설치 문제를 중심으로〉,《일본역사연구》 57, 2022, 171·181~183쪽.
2 《조선일보》 1921년 8월 21일, 〈봉축협의회〉.
3 《동아일보》 1921년 8월 25일, 〈경성부 봉축 계획(計畫)〉.
4 서울역사아카이브(museum.seoul.go.kr) 사이트에서 확인 가능(아

카이브 번호: *H-TRNS-80533-874*).
5   《동아일보》 1921년 10월 11일, 〈독립단 여자부의 명의로 불온문서〉.

**1922 유진희**

1   《동아일보》 1922년 12월 27일, 〈조선 초유의 사회주의 재판〉.
2   박현수, 〈《신생활》 필화사건 재고〉, 《대동문화연구》 106, 2019, 350~358쪽. 이하《신생활》 발간, 재판 관련 사항은 본 논문을 참고.
3   《동아일보》 1922년 12월 28일, 〈유창한 신씨의 답변〉.
4   최은혜, 〈민족과 혁명: 1920년대 초 사회주의 수용에서 러시아혁명 인식의 문제〉, 《민족문학사연구》 77, 2021, 364쪽.
5   이경용, 〈1920년대 초반 노동운동의 분화과정—조선노동공제회를 중심으로〉, 《중앙사론》 8, 1995, 108쪽.
6   독립운동사편찬위원회, 《독립운동사 9》, 독립유공자사업기금 운용위원회, 1977, 338~340쪽.
7   1947년 5월 3일, 유진희 의원이 사망하여 당시 남조선과도입법의원 본회의에서 의원들의 일동 묵념이 있었다는 기사가 확인된다(《동아일보》 1947년 5월 4일, 〈지금(地金) 동결안 3일 입의에 상정〉). 검토가 필요하나, 여기서 유진희의 사망일은 독립유공자 공적 정보를 우선했다.

**1923 황돈**

1   외무성, 〈연길현 경찰 제2구 조사 일군 소살 간민 사건표(延吉縣警察第二區調査日軍燒殺墾民事件表)〉, 《혼춘의 조선인 폭동 일건(琿春ニ於ケル朝鮮人暴動一件)(지나 측의 태도 여론의 부支那側ノ態度與論ノ部)》, 1920.
2   독립운동사편찬위원회, 《독립운동사 자료집 5》, 독립유공자사업기금 운용위원회, 1972, 158~163쪽.
3   전우용, 〈개항기 한인자본가의 형성과 성격〉, 《국사관논총》 41, 1993, 24쪽.

4 《동아일보》 1923년 3월 31일, 〈남문통(南門通)에 우협박(又脅迫)〉.
5 《동아일보》 1923년 3월 10일, 〈국세 천 원 이상의 부호 실력 조사〉.
6 《조선일보》 1923년 4월 29일, 〈무기로 윤치소 씨 협박〉.
7 《동아일보》 1924년 1월 28일, 〈정치범 56명〉.

## 1924 송병천

1 〈강기덕〉,《한국독립운동 인명사전》(독립기념관). 이하 《한국독립운동 인명사전》은 독립기념관에서 제공하는 온라인 검색 서비스를 사용했음 (https://search.i815.or.kr/dictionary/main.do).
2 《동아일보》 1930년 12월 28일, 〈정수분자(精髓分子)를 총망라 공산당 부흥운동 4차 검거 후 중앙간부조직〉.
3 《동아일보》 1933년 3월 25일, 〈홍송양(洪宋兩) 씨 출옥〉; 강만길·성대경 엮음, 〈송병천〉,《한국사회주의운동 인명사전》, 창작과비평사, 1996.

## 1925 김창준

1 《동아일보》 1925년 2월 8일, 〈민중운동자대회〉.
2 《조선일보》 1925년 5월 28일, 〈적기사건 공판 속보〉.
3 화요회는 1925년 4월 17일의 조선공산당 창립에 주도적 역할을 한다. 〈한국민족문화대백과사전〉, 검색어: 화요회.
4 《동아일보》 1925년 4월 21일, 〈민중운동자대회 금지에 대하야〉.
5 《동아일보》 1925년 4월 21일, 〈민중운동자대회 경찰이 돌연 금지〉.
6 《동아일보》 1925년 4월 21일, 〈대회가 열엿드면〉.
7 《동아일보》 1925년 4월 21일, 〈민중운동자대회 경찰이 돌연 금지〉.
8 《동아일보》 1925년 4월 22일, 〈횡설수설〉.
9 강만길·성대경 엮음, 〈김창준〉,《한국사회주의운동 인명사전》, 창작과비평사, 1996.

**1926 김기환**

1. 〈한국민족문화대백과사전〉, 검색어: 시대일보.
2. 《조선일보》 1926년 1월 3일, 〈이원기자대회〉.
3. 《매일신보》 1919년 3월 17일, 〈소요사건의 후보(後報), 함경남도, 이원 무사히 해산해〉.
4. 〈윤우열〉, 《한국독립운동인명사전》(독립기념관).
5. 한만수, 〈식민지 시기 근대기술(철도, 통신)과 인쇄물 검열〉, 《한국문학연구》 32, 2007, 65~66쪽.
6. 《중외일보》 1927년 2월 10일, 〈삭풍(朔風)을 마즈며 철야고대(徹夜苦待)한 함흥〉.

**1926 홍종현**

1. 《동아일보》 1926년 5월 10일, 〈인산을 압헤두고 발인은 6월 6일〉.
2. 최은진, 〈순종 사망과 장례과정—1926년 4월부터 6·10만세운동까지〉, 《한국독립운동사연구》 87, 2024, 201~202쪽.
3. 《조선일보》 1926년 6월 26일, 〈"죄업시 징역은 살지 못하겟소"〉.

**1927 임혁근**

1. 최보민, 〈신간회 창립의 배경—1920년대 중반 주요 민족운동의 흐름과 양상〉, 《월간 순국》 2024년 2월호.
2. 《조선일보》 1927년 2월 16일, 〈신간회창립대회 회중은 무려 천여〉.
3. 〈독립유공자 공적정보(송내호)〉, 관리번호: 2857.
4. 《동아일보》 1927년 7월 1일, 〈신간회 익산지회 설립대회를 금지〉.
5. 《동아일보》 1928년 2월 29일, 〈삼씨(三氏) 출옥 귀향〉.

**1928 정동화**

1. 〈판결문〉, 광주지방법원, 1928. 7. 21, 관리번호: CJA0001982.
2. 공훈전자사료관, 〈이달의 독립운동가 이경채〉, 2014년 11월. 공훈전자

사료관 사이트 참조.
3 〈독립유공자 공적정보(정동화)〉, 관리번호: 9378.

### 1928 이도원

1 《동아일보》 1932년 10월 21일, 〈농민점원 등 각층에서 활동〉.
2 정병욱, 〈일제강점기 불경(不敬) 사건과 행위자들〉, 《역사와 현실》 130, 2023, 191~194쪽.
3 〈박명렬〉, 《한국독립운동인명사전》(독립기념관).

### 1929 최국봉

1 《조선일보》 1929년 11월 18일, 〈추석날 일장 비극 6명에 체형 언도〉.
2 김정아, 〈일제강점기(1916~1937)의 화전민문제와 조선총독부의 산농지도정책〉, 고려대 석사학위논문, 2020, 6~13쪽.
3 〈한국민족문화대백과사전〉, 검색어: 갑산 화전민 항일운동.
4 《조선일보》 1931년 6월 4일, 〈성진농조(城津農組) 창립〉.
5 《조선일보》 1934년 10월 26일, 〈김학걸 등 75명에 대한 "성진농조" 언도〉;《조선일보》 1935년 5월 2일, 〈제1차 성진농조 11명만 기출옥〉.

### 1930 임종만

1 박찬승, 《한국독립운동사》, 역사비평사, 2014, 229~233쪽.
2 《조선일보》 1929년 11월 6일, 〈팔면봉(八面鋒)〉.
3 《조선일보》 1929년 11월 5일, 〈사태 중대화로 고보, 중학 수(遂) 휴교〉.
4 김성민, 〈광주학생운동의 확산과 서울지역 시위의 성격〉, 《한국독립운동사연구》 20, 2003, 219~220쪽.
5 《조선일보》 1929년 11월 10일, 〈신간회 긴급회의 위원장 등 특파〉.
6 국사편찬위원회, 《신편 한국사 49》, 2001, 478쪽.
7 〈독립유공자 공적정보(임종만)〉, 관리번호: 6638.
8 《동아일보》 1929년 12월 28일, 〈당일로 1,200명 검거〉.

9   《동아일보》 1930년 1월 25일, 〈당진 석문 공보 만세계획 발각〉.
10  《조선일보》 1930년 9월 4일, 〈예심 면소된 것을 검사가 복심에 항고〉; 《조선일보》 1931년 7월 2일, 〈석문 격문범 전부 무죄 판결〉.

**1930 최용복**

1   《조선일보》 1925년 12월 19일, 〈김대규 씨(金大圭氏)의 열성(熱誠)〉.
2   《중외일보》 1927년 1월 7일, 〈양양군의 노동야학 왕성〉.
3   강만길·성대경 엮음, 〈김대봉〉, 《한국사회주의운동 인명사전》, 창작과비평사, 1996.
4   《조선일보》 1928년 3월 4일, 〈전(全)양양소년회 연합위원회〉.
5   《조선일보》 1929년 5월 25일, 〈양양청맹정총(襄陽靑盟定總)〉.
6   이세진, 〈일제강점기 양양농민조합의 혁명화와 그 배경〉, 《한중인문학연구》 66, 2020, 121쪽.
7   《조선일보》 1928년 10월 9일, 〈양양군내 농민조 각지부〉; 《중외일보》 1930년 5월 25일, 〈양양사건은 2인(二人)만 유치〉.
8   《중외일보》 1930년 5월 18일, 〈양양서우활동(襄陽署又活動)〉.
9   《매일신보》 1930년 7월 7일, 〈폐쇄명령 바든 양양 현서학원〉.
10  《조선일보》 1931년 7월 4일, 〈최용석 군 출옥〉.
11  〈노병례〉, 《한국독립운동 인명사전》(독립기념관).
12  《조선일보》 1932년 12월 11일, 〈양양농조사건 35명 예심 회부〉.

**1930 권영주**

1   국사편찬위원회, 《신편 한국사 50》, 2002, 308~313쪽.
2   김빛나, 〈조선혁명군 국내유격대장 서원준(徐元俊)—노동자에서 독립군으로〉, 《한국민족운동사학회》 91, 2017, 135쪽.
3   《중외일보》 1930년 9월 18일, 〈○○군 제20대 2명은 종적 묘연〉.
4   〈한국민족문화대백과사전〉, 검색어: 조선인민회.
5   《조선중앙일보》 1933년 11월 7일, 〈함남경찰부원이 돈화(敦化)서 청

년 압래(押來)〉.

**1931 서진**

1 〈일제감시대상인물카드(강성구)〉.
2 〈독립유공자 공적정보(강일)〉, 관리번호: 8814.
3 〈판결문〉, 공주지방법원, 1930. 3. 25, 관리번호: CJA0001106.
4 〈유기섭〉,《한국독립운동 인명사전》(독립기념관).
5 《조선일보》1931년 10월 22일, 〈충남 비밀결사 화성당 사건〉.
6 《동아일보》1932년 1월 6일, 〈충남의 비사(秘社) 화성당 사건〉.
7 《조선일보》1933년 7월 3일, 〈화성당 거두 서진 군의 출옥〉.

**1932 최익한**

1 《조선일보》1929년 11월 1일(호외), 〈동지간 반목이 발각의 단서〉.
2 《조선일보》1929년 11월 1일(호외), 〈당원 성명 검거 시일〉.
3 《동아일보》1929년 9월 28일, 〈사상범을 격리코저 천여 독방 증축 계획〉.
4 《동아일보》1933년 3월 28일, 〈사상수와 보통수의 분리 집형을 결정?〉.
5 민경찬, 〈〈실미도〉 '적기가'의 유래와 역사를 찾아서〉,《미디어오늘》, 2004. 3. 1(www.mediatoday.co.kr/news/articleView.html?idxno=26183).
6 가사는 판결문에 적힌 것을 그대로 따랐다. 영화《실미도》의 적기가 가사와는 약간 차이가 있다.

**1933 이효정**

1 〈철원제사공장〉,《디지털철원문화대전》, 항목 ID: GC07800427;《동아일보》1924년 9월 21일, 〈조선을 잠식할 종방독아(鍾紡毒牙)〉.
2 《조선일보》1931년 5월 2일, 〈"종방" 오백 직공에게 선동 격문을 배포〉.
3 《동아일보》1933년 9월 22일, 〈종방제사공맹파(鐘紡製絲工盟罷) 오백

여직공 일제히〉.

4 《동아일보》 1933년 9월 27일, 〈종방 파업에 대하야〉.
5 《동아일보》 1931년 12월 7일, 〈강릉 물가도 일률적으로 감하〉.
6 《조선일보》 1933년 9월 22일, 〈신 기계 비치 후로 1일인 일수 20전〉.
7 《동아일보》 1933년 9월 24일, 〈회사 측이 돌연 강경 오백명에 최후통첩〉.
8 《동아일보》 1933년 9월 28일, 〈요구 조건 승인으로 복업(復業)〉.
9 《조선일보》 1933년 9월 28일, 〈52명 희생자 내고 종방파업 수(遂) 해결〉.
10 경성트로이카는 실제 조직명은 아니었고, 후대에 이재유가 만든 그룹을 지칭하기 위해 붙은 별칭이다.
11 박찬승, 《한국독립운동사》, 역사비평사, 2014, 267쪽.
12 최규진, 《한국독립운동의 역사》 44, 독립기념관, 2009, 164~165쪽.
13 독립기념관 한국독립운동사연구소 편, 《독립운동가의 삶과 회상 2》, 역사공간, 2012, 431쪽.

**1934 안천수**

1 최배은, 〈신명균의 실력양성 교육과 《신소년》〉, 《방정환연구》 11, 2024, 182~183쪽.
2 정혜정, 〈일제하 천도교 농민교육운동―조선농민사를 중심으로〉, 《한국민족운동사연구》 29, 2001, 104~105쪽.
3 〈한국민족문화대백과사전〉, 검색어: 김동환
4 천정환, 〈초기 《삼천리》의 지향과 1930년대 문화민족주의〉, 《민족문학사연구》 36, 2008, 213~214쪽.
5 《동아일보》 1934년 12월 19일, 〈내통상의회(來通常議會)의 연내 의사 일정〉.

**1935 송창섭**

1   이윤갑, 〈우가키 가즈시게 총독의 시국 인식과 농촌진흥운동의 변화〉, 《대구사학》 87, 2007, 39~60쪽.
2   《조선중앙일보》 1935년 5월 6일, 〈홍성의 격문사건 3명을 검국(檢局) 송치〉.

**1936 이홍채**

1   독립운동사편찬위원회, 《독립운동사 자료집 12》, 독립유공자사업기금운용위원회, 1977, 1436쪽; 국사편찬위원회, 《한민족독립운동사자료집 58》, 국사편찬위원회, 2004, 55쪽.
2   최주한, 〈이광수의 민족개조론 재고〉, 《인문논총》 70, 2013, 291쪽; 〈한국민족문화대백과사전〉, 검색어: 민족개조론.
3   국사편찬위원회, 《신편 한국사 50》, 2003, 244쪽.
4   국사편찬위원회, 《일제강점기 경성지방법원 형사사건기록 해제》, 국사편찬위원회, 2009, 27~28쪽.
5   국사편찬위원회, 《한민족독립운동사자료집 60》, 국사편찬위원회, 2004, 28~29쪽.
6   《조선일보》 1940년 1월 18일, 〈춘천고보생사건 최고 1년 반 역(役) 언도〉.

**1936 김종희**

1   《동아일보》 1935년 6월 9일, 〈조선문화의 "횃불" 배재 창립 반세기 기념〉.
2   〈독립유공자 공적정보(하명식)〉, 관리번호: 42559.
3   〈천성환〉, 《한국독립운동 인명사전》(독립기념관).
4   권정기, 〈코민테른과 스페인의 반파쇼인민전선〉, 《노동사회과학》 8, 2015, 21~22쪽; 홍종욱, 〈반파시즘 인민전선론과 사회주의 운동의 식민지적 길〉, 《역사와 현실》 118, 2020, 336쪽. 김종희는 일기에 인민전

선에 대한 호감을 표하며, 조선 민족을 위해 일본의 지배권을 제거하고 싶다고 썼다(성주현, 〈1930년대 말 강원도 고성지역 문예비밀결사운동〉,《한국민족운동사연구》35, 2003, 68쪽).
5  경기도 경찰부장, 〈비밀결사 고성민족문학연구회 검거취조에 관한 건〉,《사상에 관한 정보철》4, 1939년 9월 20일(한국사데이터베이스 ID: had_165_0790).
6  《조선일보》1939년 12월 16일, 〈고성독서회사건〉.

**1937 함용환**

1  윤서인, 〈1920년대 조선총독부 연초전매권 확립에 따른 범역 확대와 '위법'행위의 의미〉,《역사와 현실》127, 2023, 158~166쪽 및 190쪽 부표1.
2  독립운동사편찬위원회,《독립운동사 8》, 독립유공자사업기금 운용위원회, 1976, 705~706쪽.
3  〈쇼와 12년 선내사상운동 상황(昭和十二年度に於ける鮮内思想運動の狀況)〉,《사상휘보》14, 1938, 47~48쪽.
4  《조선일보》1937년 3월 10일, 〈이천육백년 제축전(祭祝典) 총독부 착착 계획(計畫)〉.

**1937 박재만**

1  철원경찰서, 〈범죄보고서〉 1941. 5. 15(국사편찬위 전자사료관, ID: DMI019_01_25C0017_003).
2  〈독립유공자 공적정보(이효선)〉, 관리번호: 51051.
3  〈강종근〉,《한국독립운동 인명사전》(독립기념관).
4  〈독립유공자 공적정보(강종근)〉, 관리번호: 960944.
5  재판 당시 강종근은 송본종근(宋本琮根), 박재만은 양산재만(陽山在萬)이라는 창씨명으로 불렸다.

**1938 양준규**

1. 일제는 확보한 영역에 여러 괴뢰정권을 세우고 합치길 반복했다.
2. 〈중일전쟁〉, 《한국사 연대기》(국사편찬위원회 우리역사넷).
3. 《조선일보》 1938년 6월 16일, 〈"성려(聖慮)에 봉응(奉應)하라"〉.
4. 《조선일보》 1938년 4월 27일, 〈지나사변에 본 열국(列國)의 전투기〉; 《조선일보》 1938년 7월 31일, 〈지나사변과 영국〉.
5. 경기도경찰부장, 〈치안유지법 위반 용의사건에 관한 건〉, 《사상에 관한 정보》 10, 1938. 9. 10(한국사데이터베이스 ID: had_162_0420).

**1938 홍순창**

1. 강원도경찰부장, 〈치안유지법 위반사건 검거에 관한 건〉, 《사상에 관한 정보》 12, 1940. 11. 16(한국사데이터베이스 ID: had_166_0760).
2. 김광규, 《일제강점기 초등교육 정책》, 동북아역사재단, 2021, 146쪽.
3. 《동아일보》 1936년 3월 20일, 〈'가봉(加俸)' 숙사료 지출은 조선인 교원에도 주라〉.
4. 국사편찬위원회, 《일제강점기 경성지방법원 형사사건기록 해제》, 국사편찬위원회, 2009, 41~43쪽.
5. 〈홍순창〉, 《근현대인물자료》(한국사데이터베이스 ID: im_114_00664).

**1939 최영순**

1. 경성종로경찰서장, 〈한국독립을 표방하는 불온낙서에 관한 건〉, 《사상에 관한 정보》 12, 1940. 5. 14(한국사데이터베이스 ID: had_166_0610).
2. 경기도경찰부장, 〈최명근 일파의 치안유지법 위반 피의사건 검거에 관한 건〉, 《사상에 관한 정보》 12, 1940. 7. 17(한국사데이터베이스 ID: had_166_0630).
3. 〈조선총독부 청사(광화문) 배치와 청사 계획〉, 국가기록원 일제시기 건축도면 컬렉션 사이트(theme.archives.go.kr/next/place/

```
governmentOffice.do?flag=2).
```
4   최명근은 1939년 6월 16일, 전공(電工)으로 전환됐다.
5   재판 당시 최영순은 창씨명 산전영순(山田榮淳)으로 불렸다.

**1940 이제국**

1   〈오동진〉,《한국독립운동 인명사전》(독립기념관).
2   《동아일보》1940년 2월 4일,〈성전(聖戰)의 의의(意義)에 대하야 육상(陸相) 소신을 표명〉.
3   이송순,〈일제하 전시체제기 식량배급정책의 실시와 그 실태〉,《사림》16, 2001, 56~58쪽.
4   재판 당시, 이제국은 창씨명 국본창근(國本蒼根), 조남권은 창씨명 풍본영길(豊本英吉)로 불렸다.

**1940 박기평**

1   《매일신보》1940년 11월 28일,〈장학량 부활 요구(張學良復活要求)〉.
2   송한용,〈1928년 장학량 정권의 동북역치〉,《역사학연구》12, 1998, 171~174쪽.
3   〈시안 사건〉,《교과서 용어 해설》(국사편찬위원회 우리역사넷).
4   《조선일보》1932년 2월 25일,〈면장불신임을 도당국에 진정〉.
5   〈박기평〉,《직원록자료》(국사편찬위원회 한국사데이터베이스).
6   재판 당시 박기평은 창씨명 선원기평(善元基平)으로 불렸다.

**1940 정재철**

1   이연경,〈1940년대 인천 일본 육군 조병창의 설치와 군수산업도시 부평의 탄생〉,《도시연구: 역사·사회·문화》30, 2022, 170쪽.
2   부평역사박물관,《미쓰비시를 품은 여백, 사택마을 부평삼릉》, 부평역사박물관, 2016, 258쪽.
3   정안기,〈전시기 홍중상공(弘中商工)(주)의 성장전략과 경영역량—성

장·위기·재건을 중심으로〉,《경제사학》 53, 2012, 42~48쪽;《조선일보》 1939년 11월 7일, 〈경전(京電)에 부평에도 송전을 요망〉.
4　인천경찰서장, 〈치안유지법 위반 피의사건에 관한 건〉,《사상에 관한 정보(경찰서장)》, 1942. 7. 31(한국사데이터베이스 ID: had_169_0670).
5　이승일, 〈1930~40년대 경성 거주 급여 생활자의 주거 생활〉,《한국민족문화》 58, 2016, 22쪽.
6　김락기, 〈사기 사건 피해자가 치안유지법 위반자로〉,《인천역사통신》 27, 2020, 14쪽.
7　재판 당시 정재철은 창씨명 하야재철(河野在喆)로 불렸다.
8　〈정재철〉,《한국독립운동 인명사전》(독립기념관).

**1941 도영학**
1　〈도재교〉,《직원록자료》(국사편찬위원회 한국사데이터베이스).
2　《중외일보》 1928년 11월 16일, 〈납세장려 현상단문(懸賞短文) 모집 충북도청 주최〉.
3　〈독립유공자 공적정보(임동묵)〉, 관리번호: 955364.
4　이명화, 〈일제 황민화교육과 국민학교제의 시행〉,《한국독립운동사연구》 35, 2010, 320~321쪽.
5　재판 당시 도영학은 창씨명 도영차랑(都永次郞)으로 불렸다.

**1941 현금렬**
1　김윤미, 〈총동원체제와 근로보국대를 통한 '국민개로'〉,《한일민족문제연구》 14, 2008. 참조.

**1941 김철용**
1　독립운동사편찬위원회,《독립운동사 9》, 독립유공자사업기금 운용위원회, 1977, 743쪽.
2　〈판결문〉, 경성지방법원, 1945. 7. 23, 관리번호: CJA0000001.

3    재판 당시 김철용은 창씨명 금해철용(金海喆龍)으로 불렸다.


**1942 이삼철**

1    재판 당시 이삼철은 창씨명 청수삼철(靑水三哲)로 불렸다.
2    국립이천호국원 사이트(www. mpva. go. kr)에서 안장자 찾기 검색 결과로 확인.


**1943 김명화**

1    문혜진, 〈일제의 혼합민족설과 관폐대사 제신에 관한 연구―부여신궁을 중심으로〉,《인문학연구》62, 2021, 546·558~561쪽; 김현아, 〈식민지 조선에서의 식민권력에 의한 내선일체화―'조선신궁'과 '부여신궁'을 중심으로〉,《한림일본학》42, 2023, 3·4장.
2    〈한국민족문화대백과사전〉, 검색어: 선린인터넷고등학교.
3    〈한국민족문화대백과사전〉, 검색어: 부소산.
4    재판 당시 김명화는 창씨명 중촌길소(重村吉昭)로 불렸다.

## 참고문헌

### 1919 신동윤
〈일제감시대상인물카드(신동윤)〉.
〈판결문〉, 경성지방법원, *1919. 4. 11*, 관리번호: *CJA0000416*.
〈판결문〉, 경성복심법원, *1919. 4. 28*, 관리번호: *CJA0000173*.
〈판결문〉, 고등법원, *1919. 5. 22*, 관리번호: *CJA0000447*.

### 1919 이시종
〈일제감시대상인물카드(이시종)〉.
〈판결문〉, 경성지방법원, *1919. 5. 15*, 관리번호: *CJA0000413*.
〈판결문〉, 경성복심법원, *1919. 7. 26*, 관리번호 *CJA0000142*.
〈판결문〉, 고등법원, *1919. 10. 9*, 관리번호: *CJA0000678*.

### 1919 한범우
〈일제감시대상인물카드(한범우)〉.
〈판결문〉, 경성지방법원, *1919. 4. 24*, 관리번호: *CJA0000419*.
〈판결문〉, 경성복심법원, *1919. 5. 24*, 관리번호: *CJA0000174*.
〈판결문〉, 고등법원, *1919. 6. 21*, 관리번호: *CJA0000451*.

### 1920 이수희
〈일제감시대상인물카드(이수희)〉.
〈판결문〉, 경성지방법원, *1920. 4. 5*, 관리번호: *CJA0000403*.
배화팔십년사편찬위원회, 《배화 팔십년사》, 배화학원, *1979, 120~126쪽*.
성백걸, 《배화백년사》, 배화학원, *1999, 171~178쪽*.

### 1920 오용진
〈일제감시대상인물카드(오용진)〉.
〈판결문〉, 경성지방법원, *1920. 10. 30*, 관리번호: *CJA0000402*.

〈판결문〉, 경성복심법원, 1920. 11. 27, 관리번호: CJA0000402.

## 1921 황웅도

〈일제감시대상인물카드(황웅도)〉.
〈판결문〉, 부산지방법원 통영지청, 1921. 3. 31, 관리번호: CJA0002206.
〈판결문〉, 대구복심법원, 1921. 4. 30, 관리번호: CJA0000757.
하기호 외, 《고성독립운동사》, 고성문화원, 2018, 302~304쪽.

## 1921 권익수

〈일제감시대상인물카드(권태휘)〉.
〈판결문〉, 경성지방법원, 1921. 11. 02, 관리번호: CJA0000265.
〈판결문〉, 경성복심법원, 1922. 1. 16, 관리번호: CJA0000105.
〈판결문〉, 고등법원, 1922. 2. 16, 관리번호: CJA0000520.
조규태, 〈권태휘의 생애와 민족운동〉, 《한국민족운동사연구》 96, 2018.

## 1922 유진희

〈일제감시대상인물카드(유진희)〉.
〈판결문〉, 경성지방법원, 1923. 1. 16, 관리번호: CJA0000255.
〈유진희〉, 《한국독립운동 인명사전》(독립기념관).

## 1923 황돈

〈일제감시대상인물카드(황금봉)〉.
〈판결문〉, 경성지방법원, 1923. 5. 16, 관리번호: CJA0000294.
《조선일보》 1923년 5월 1일, 〈암살과 파괴를 목적한 일단(一團) 수령황돈
 이하전부검사국(首領黃燉以下全部檢事局)에〉.
《동아일보》 1923년 5월 1일, 〈동아공산당 내막〉.
《동아일보》 1923년 5월 10일, 〈동아공산당 공판〉.

### 1924 송병천

〈일제감시대상인물카드(송병천)〉.
〈판결문〉, 경성복심법원, 1924. 5. 7, 관리번호: CJA0000131.
《동아일보》 1924년 3월 6일, 〈검거된 보광교(保光校) 생도〉.
《조선일보》 1924년 4월 12일, 〈기념의 동기(動機)는 콩밥〉.

### 1925 김창준

〈일제감시대상인물카드(김창준)〉.
〈판결문〉, 경성지방법원, 1925. 6. 8, 관리번호: CJA0000282.
《동아일보》 1925년 4월 22일, 〈"무리한 압박에 반항하자" 적기를 선두로 시위 행렬〉.
김국화, 〈조선공산당 창립 시기 표면단체의 갈등―1925년 전조선민중운동자대회를 중심으로〉,《한국근현대사연구》 103, 2022.

### 1926 김기환

〈일제감시대상인물카드(김기환)〉.
〈판결문〉, 경성복심법원, 1926. 5. 24, 관리번호: CJA0000643.
〈김기환〉,《한국독립운동 인명사전》(독립기념관).

### 1926 홍종현

〈일제감시대상인물카드(홍종현)〉.
〈판결문〉, 경성지방법원, 1926. 6. 28, 관리번호: CJA0000298.
국사편찬위원회,〈六·一 萬歲運動(二)〉,《한민족독립운동사자료집 53》, 국사편찬위원회, 2003.
〈홍종현〉,《한국독립운동 인명사전》(독립기념관).

### 1927 임혁근

〈일제감시대상인물카드(임혁근)〉.
〈판결문〉, 대구복심법원, 1928. 2. 21, 관리번호: CJA0000819.

〈임혁근〉,《한국독립운동 인명사전》(독립기념관).

이명진·원도연, 〈1920년대 익산지역의 사회주의자와 그 활동〉,《지방사와 지방문화》22(2), 2019.

**1928 정동화**

〈일제감시대상인물카드(정동화)〉.

〈판결문〉, 광주지방법원, 1928. 10. 5, 관리번호: CJA0001983.

독립운동사편찬위원회,《독립운동사 9》, 독립유공자사업기금 운용위원회, 1977, 제4절 광주고보 맹휴 부분(504~526쪽) 참조.

**1928 이도원**

〈일제감시대상인물카드(이도원)〉.

〈판결문〉, 경성복심법원, 1933. 2. 16, 관리번호: CJA0000605.

**1929 최국봉**

〈일제감시대상인물카드(최국봉)〉.

독립운동사편찬위원회,《독립운동사 자료집 14》, 독립유공자사업기금 운용위원회, 1978, 833~834쪽.

〈판결문〉, 경성복심법원, 1930. 1. 20, 관리번호: CJA0000589.

**1930 임종만**

〈일제감시대상인물카드(임종만)〉.

〈임종만〉,《한국독립운동 인명사전》(독립기념관).

독립운동사편찬위원회,《독립운동사 자료집 13》, 독립유공자사업기금 운용위원회, 1977, 1549~1551쪽.

〈판결문〉, 경성복심법원, 1931. 1. 10, 관리번호: CJA0000676.

**1930 최용복**

〈일제감시대상인물카드(최용복)〉.

〈판결문〉, 경성복심법원, 1930. 6. 26, 관리번호: CJA0000591.
독립운동사편찬위원회,《독립운동사 자료집 12》, 독립유공자사업기금 운용위원회, 1977, 1433~1434쪽.
강원도 경찰부, 〈사회주의운동 청년 소년 여성운동〉,《치안상황(강원도)》, 1938년 12월.

**1930 권영주**

〈일제감시대상인물카드(권영주)〉.
〈판결문〉, 경성복심법원, 1935. 6. 5, 관리번호: CJA0000632.
《조선일보》1934년 12월 11일, 〈만주와 노령(露領)에서 잠행운동 십오년〉.
《조선일보》1935년 6월 7일, 〈징역 3년을 언도 조선○○군(軍) 권영주〉.

**1931 서진**

〈일제감시대상인물카드(서진)〉.
〈판결문〉, 경성복심법원, 1932. 6. 2, 관리번호: CJA0000601.

**1932 최익한**

〈일제감시대상인물카드(최익한)〉.
〈판결문〉, 경성복심법원, 1933. 1. 25, 관리번호: CJA0000605.
송찬섭, 〈조카가 작성한 최익한(1897~?) 연보〉,《역사연구》20, 2011, 277~293쪽.
강만길·성대경 엮음, 〈최익한〉,《한국사회주의운동 인명사전》, 창작과비평사, 1996.
〈한국민족문화대백과사전〉, 검색어: 최익한.

**1933 이효정**

〈일제감시대상인물카드(이효정)〉.
〈이효정〉,《한국독립운동 인명사전》(독립기념관).
원은희, 〈여성독립운동가 이효정의 생애와 시에 관한 연구〉,《인문과학연구논총》 72, 2022, 133~145쪽.

## 1934 안천수
〈일제감시대상인물카드(안천수)〉.
〈판결문〉, 경성복심법원, 1935. 10. 16, 관리번호: CJA0000634.
〈안천수〉,《한국독립운동 인명사전》(독립기념관).

## 1935 송창섭
〈일제감시대상인물카드(송창섭)〉.
〈판결문〉, 경성복심법원, 1935. 9. 17, 관리번호: CJA0000634.

## 1936 이홍채
〈일제감시대상인물카드(이홍채)〉.
〈판결문〉, 경성지방법원, 1940. 1. 17, 관리번호: CJA0000379.
춘천경찰서, 〈의견서(이홍채 외 6명)〉 1939. 4. 19(국사편찬위 전자사료관, ID: DMI019_01_24C0052_007).

## 1936 김종희
〈일제감시대상인물카드(김종희)〉.
〈판결문〉, 경성지방법원, 1940. 6. 28, 관리번호: CJA0000381.
성주현, 〈1930년대 말 강원도 고성지역 문예비밀결사운동〉,《한국민족운동사연구》 35, 2003.

## 1937 함용환
〈일제감시대상인물카드(함용환)〉.
〈판결문〉, 경성지방법원, 1937. 6. 7, 관리번호: CJA0000577.
〈판결문〉, 경성복심법원, 1937. 7. 19, 관리번호: CJA0000654.

**1937 박재만**

〈일제감시대상인물카드(박재만)〉.

〈판결문〉, 경성지방법원, *1941. 10. 9*, 관리번호: *CJA0000679*.

**1938 양준규**

〈일제감시대상인물카드(양준규)〉.

〈판결문〉, 경성지방법원, *1940. 8. 13*, 관리번호: *CJA0000681*.

**1938 홍순창**

〈일제감시대상인물카드(홍순창)〉.

〈판결문〉, 경성지방법원, *1941. 8. 19*, 관리번호: *CJA0000879*.

〈홍순창〉,《한국독립운동 인명사전》(독립기념관).

**1939 최영순**

〈일제감시대상인물카드(최영순)〉.

〈예심종결문〉, 경성지방법원, *1941. 6. 27*, 관리번호: *CJA0000016*.

〈판결문〉, 경성지방법원, *1941. 10. 2*, 관리번호: *CJA0000679*.

**1940 이제국**

〈일제감시대상인물카드(이제국)〉.

〈판결문〉, 경성지방법원, *1941. 5. 16*, 관리번호: *CJA0000382*.

국사편찬위원회,《일제강점기 경성지방법원 형사 사건기록 해제》, 국사편
  찬위원회, *2009*, 61쪽.

**1940 박기평**

〈일제감시대상인물카드(박기평)〉.

〈판결문〉, 경성복심법원, *1941. 6. 17*, 관리번호: *CJA0000586*.

**1940 정재철**

〈일제감시대상인물카드(정재철)〉.

〈판결문〉, 경성지방법원, *1942. 10. 7*, 관리번호: *CJA0000020*.

**1941 도영학**

〈일제감시대상인물카드(도영학)〉.

〈판결문〉, 대전지방법원 청주지청, *1942. 9. 19*, 관리번호: *CJA0000931*.

**1941 현금렬**

〈일제감시대상인물카드(현금렬)〉.

〈판결문〉, 경성복심법원, *1941. 12. 19*, 관리번호: *CJA0000609*.

〈판결문〉, 고등법원, *1942. 3. 5*, 관리번호: *CJA0000609*.

**1941 김철용**

〈일제감시대상인물카드(김철용)〉.

〈판결문〉, 경성지방법원, *1942. 9. 30*, 관리번호: *CJA0000020*.

서울대학교 약학대학 100년사 편찬위원회, 《서울대학교 약학대학 100년사》, 서울대학교 약학대학, *2016*, 132~137쪽.

**1942 이삼철**

〈일제감시대상인물카드(이삼철)〉.

〈판결문〉, 대전지방법원 청주지청, *1942. 8. 5*, 관리번호: *CJA0000931*.

〈판결문〉, 경성복심법원, *1942. 9. 16*, 관리번호: *CJA0000931*.

**1943 김명화**

〈일제감시대상인물카드(김명화)〉.

〈판결문〉, 경성복심법원, *1943. 12. 14*, 관리번호: *CJA0000614*.

꽃 떨어진 동산에서
호미와 괭이를 들자

**1판 1쇄 발행일** 2025년 7월 28일

**지은이** 이동해

**발행인** 김학원
**발행처** (주)휴머니스트출판그룹
**출판등록** 제313-2007-000007호(2007년 1월 5일)
**주소** (03991) 서울시 마포구 동교로23길 76(연남동)
**전화** 02-335-4422  **팩스** 02-334-3427
**저자·독자 서비스** humanist@humanistbooks.com
**홈페이지** www.humanistbooks.com
**유튜브** youtube.com/user/humanistma
**인스타그램** @humanist_insta

**편집주간** 황서현  **편집** 최인영 강창훈  **디자인** 유주현
**조판** 홍영사  **용지** 화인페이퍼  **인쇄** 청아문화사  **제본** 민성사

ⓒ 이동해, 2025

ISBN 979-11-7087-357-0 03910

- 이 책은 저작권법에 따라 보호받는 저작물이므로 무단 전재와 무단 복제를 금합니다.
- 이 책의 전부 또는 일부를 이용하려면 반드시 저자와 (주)휴머니스트출판그룹의 동의를 받아야 합니다.